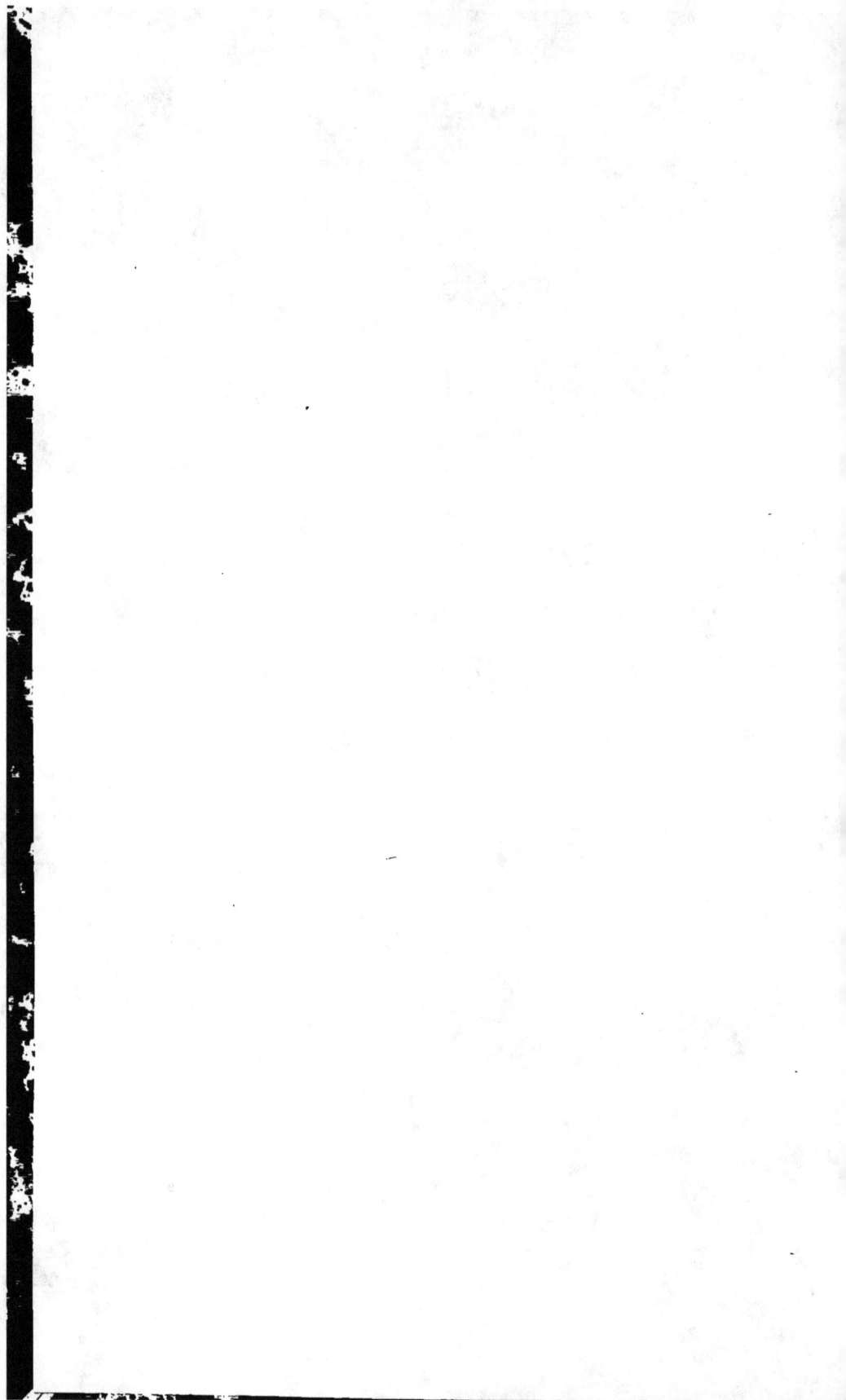

BIBLIOTHÈQUE

DE LA

JEUNESSE CHRÉTIENNE

APPROUVÉE

PAR Mᵍʳ L'ARCHEVÊQUE DE TOURS

—

SÉRIE PETIT IN-8°

Mme de Ferriol prit dans ses bras Aïssé, qui paraissait ravie
de rester avec la belle dame.

AÏSSÉ

OU

LA JEUNE CIRCASSIENNE

PAR

MARIE-ANGE DE T***

TOURS

ALFRED MAME ET FILS, ÉDITEURS

M DCCC LXX

AÏSSÉ

OU

LA JEUNE CIRCASSIENNE

————

CHAPITRE I

Introduction. — Les bazars de Constantinople du temps de
Mustapha II. — La bataille de Zentha et ses suites,

Les bazars de l'Orient ne ressemblent guère
que de nom à ces boutiques à prix fixe que nous
voyons à Paris, et dont les employés semblent
avoir pour principale mission d'assourdir les pas-
sants par leurs bruyants appels et leurs réclames
étourdissantes. Le mot bazar est arabe et signifie
trafic de marchandises. On donne ce nom, en
Turquie et en Perse, à de grands marchés destinés à l'exposition et à la vente des produits. Les
bazars orientaux sont les uns à ciel ouvert, les

autres voûtés et à longues galeries couvertes.
Dans les premiers se débitent les objets d'encom-
brement plutôt que de valeur; ils sont, en outre,
affectés à la vente des esclaves. Les seconds, mer-
veilleusement disposés pour la conservation des
marchandises, sont divisés à l'intérieur en com-
partiments qui forment autant de boutiques d'é-
talage. Là s'échangent les pierreries, les étoffes
d'or et de soie, les châles de l'Inde, les parfums
de l'Arabie, la poudre d'or, les dents d'éléphant,
les plumes d'autruche, les draps de France, etc.

Toutes les villes turques et persanes ont leurs
bazars, grands ou petits. Dans les principales, ces
marchés sont multipliés à l'infini, et presque tous
les genres d'industrie ont le leur.

Les bazars ne sont pas seulement un lieu d'éta-
lage et de vente pour les commerçants, ils ser-
vent encore de but de promenade et de points de
rendez-vous aux oisifs. C'est là que le musulman,
si concentré dans ses jouissances domestiques,
vient chercher quelques plaisirs de vie extérieure.
On y cause sur les affaires du jour, on y devise
des petits scandales de la cité et des objets plus
graves de la politique et de la religion. On ne
craint pas d'y blâmer hautement la conduite d'un
grand vizir, d'accuser de trahison un général
d'armée qui aura été malheureux dans une expé-

dition; on pousse l'audace jusqu'à critiquer parfois le sultan lui-même; et cela impunément, car
de tout temps les bazars, ainsi que les bains
publics, ont joui du privilége d'être des lieux de
laisser-aller et de libres causeries. Cela du moins
se passait ainsi autrefois; mais, dans ce siècle de
changement continuel, ou de progrès si l'on veut,
peut-être ces usages ont-ils disparu comme les
turbans de mousseline ou de cachemire, les pe-
lisses garnies de précieuses fourrures, les doli-
mans et les caftans ornés de riches broderies, les
babouches de maroquin rouge ou jaune; en un
mot, comme a disparu tout l'ancien costume turc
si original, si pittoresque, pour faire place aux
redingotes noires, aux pantalons étriqués, aux
paletots ouatés et aux bottes vernies des Européens : ce qui fait qu'on ne distingue plus aujour-
d'hui un musulman de Constantinople ou de
Damas d'un habitant de Paris ou d'Orléans.

Ce serait une curieuse étude à faire que celle du
mouvement qui, depuis un certain nombre d'années, s'opère dans cet Orient pendant des siècles
voué à l'immobilité. On verrait que ce pays, si
longtemps plongé dans les ténèbres de l'igno-
rance et de la barbarie, tend maintenant à s'instruire et à se civiliser. Les mœurs s'adoucissent,
les écoles semulti plient à Constantinople, et les

familles riches envoient leurs enfants faire leurs
études dans des colléges de Paris ou de Vienne.
L'imprimerie multiplie les livres; on publie dans
la capitale de l'empire ottoman des journaux politiques et littéraires en turc, en grec, en arménien,
en français, en anglais, etc. Depuis longtemps des
bateaux à vapeur sillonnent le Bosphore; on tra-
vaille à l'établissement de plusieurs chemins de
fer, et déjà le télégraphe électrique met Constantinople en communication avec les principales
villes de l'Europe et du monde civilisé. Autre fait
plus remarquable encore : ce peuple, renommé
jadis pour son fanatisme et son intolérance, qui
ne prononçait jamais le nom de chrétien sans
l'accompagner d'une épithète injurieuse, laisse
les chrétiens construire paisiblement des églises,
fonder des écoles où souvent même il envoie ses
propres enfants. Bien plus, l'exercice public du
culte est non-seulement toléré, mais protégé par
le gouvernement, et, contraste curieux, tandis
qu'à Paris on ne permet pas aux processions de
sortir des églises, à Constantinople, depuis plusieurs années, les processions de la Fête-Dieu par-
courent les rues avec la plus grande solennité et
au milieu de l'ordre le plus parfait. Non-seulement
les autorités ne s'y opposent pas, mais elles font
protéger ces cérémonies par des détachements

de soldats turcs, qui escortent la procession, musique et tambours en tête; et lorsque la procession s'arrête à un reposoir pour donner la bénédiction, les tambours battent aux champs, les soldats de Mahomet présentent les armes, et mettent un genou à terre, pour rendre hommage au Dieu des chrétiens.

Ce serait là sans doute, comme nous l'avons dit, un sujet fort intéressant à étudier; mais, ayant à raconter une histoire qui se passa à la fin du XVIIᵉ siècle, c'est-à-dire à une époque où l'on était à mille lieues de soupçonner les changements qui devaient s'opérer cent cinquante ans plus tard, des considérations sur ces réformes contemporaines ne seraient ici qu'un hors-d'œuvre déplacé. Nous arrivons donc directement à notre histoire, qui commence dans un bazar de Constantinople, sous le règne de Mustapha II, en l'année 1698 (1).

Le comte de Ferriol venait de succéder à M. de Guilleragues dans le titre et dans les fonctions d'ambassadeur de France à Constantinople. On sait l'importance que les rois de France, depuis

(1) Mustapha II succéda à Ahmed II, en 1695; il régna jusqu'en 1703, et fut déposé par une révolution de palais. Ahmed III lui succéda.

François Ier, ont toujours attachée à l'alliance de
la Porte Ottomane, qui leur servait d'utile contre-
poids contre les projets ambitieux de la maison
d'Autriche. En cela Louis XIV continuait avec
persévérance la politique de ses prédécesseurs,
et plus d'une fois ses armées, en pesant à propos
du poids de quelque cent mille hommes sur le
Rhin contre l'empire germanique, avaient sauvé
la Turquie d'une ruine complète sur les bords
du Danube. Aussi l'ambassade de Constantinople
était-elle regardée en France comme le poste
diplomatique le plus important; et, de leur côté,
les Turcs, convaincus des avantages que leur
procurait l'alliance « du puissant empereur des
Francs, » c'est ainsi qu'ils appelaient le roi de
France, ne négligeaient rien pour conserver cette
précieuse alliance, et ils comblaient d'égards et
de prévenances le représentant du grand roi.

Au moment où commence notre récit, l'empire
ottoman était loin d'être remis du coup funeste
qu'il venait de recevoir à la bataille de Zentha (1),
et qui semblait l'avoir ébranlé jusque dans ses
fondements. Jamais plus grand désastre ne l'avait

(1) Zentha est un bourg de la Hongrie, sur la Theiss, illus-
tré par la victoire que le prince Eugène et l'électeur de Saxe
Frédéric-Auguste y remportèrent sur les Turcs en 1697.

frappé depuis la bataille de Lépante (1). Deux
cent soixante pièces de canon, des bagages et des
provisions capables de nourrir un peuple entier
pendant une longue campagne, dix mille chariots
attelés de quatre chevaux, de bœufs et de buffles,
soixante mille chameaux amenés du fond de
l'Asie et de la Tartarie, un trésor monnayé con-
tenant la solde de deux cent mille hommes, les
voitures dorées du sultan et de son harem, enfin
le sceau de l'empire ramassé pour la première
fois sur le corps d'un grand vizir trouvé mort sur
des monceaux de janissaires : tels furent les tro-
phées de cette victoire, qui vengea par l'épée du
prince de Savoie deux siècles de défaites subies
par les chrétiens en Occident.

Tandis que l'heureux vainqueur rentrait triom-
phant à Vienne, et que son nom retentissait du
Danube à la Seine et au Tibre comme celui d'un
nouveau Godefroy de Bouillon, le sultan, témoin
désespéré de l'anéantissement de son armée, dis-
paraissait à la chute du jour dans les marais qui

(1) Lépante est le nom d'un golfe formé par la mer Ionienne,
où don Juan d'Autriche, commandant les forces réunies de
Venise, de l'Espagne et du pape, anéantit la flotte ottomane
le 7 octobre 1571; Sélim II y perdit deux cents galères et
trente mille hommes : cette victoire arrêta les envahissements
des Turcs, et fut le commencement de leur décadence.

bordent la route de Temeswar. Égaré par ses
guides dans les champs de roseaux que recouvrait
l'inondation, il erra toute la nuit presque seul
dans les marais. Au lever du soleil, craignant
d'être reconnu par les hussards attachés à la
poursuite des fuyards, il se dépouilla de ses ha-
bits impériaux, qu'il changea contre les vête-
ments d'un pasteur hongrois, et, défendant à ses
serviteurs de le suivre, il s'éloigna seul, à pied,
et gagna Temeswar, unique abri où il pût échapper aux cavaliers qui le poursuivaient dans la
campagne. Humilié de son désastre, il défendit
au pacha de Temeswar de découvrir son asile,
et pendant trois jours il demeura enfermé dans
l'ombre d'une chambre obscure, sans prendre de
nourriture et sans oser se montrer à la lumière
du jour.

Cependant les débris de son armée s'étaient
ralliés sous les murs de Temeswar, pleurant leur
sultan disparu et cherchant son cadavre dans les
joncs du fleuve, où l'on supposait qu'il avait trouvé
la mort. Enfin, le troisième jour, Mustapha se dé-
cida à se découvrir à ses troupes. Les acclama-
tions de joie de ses soldats compensèrent un peu
pour lui tant de peines; il n'avait perdu qu'une
armée et ses trésors, mais il avait conservé la
source des armées et des trésors, le cœur de son

peuple. Nul ne l'accusait d'un revers qu'il n'avait
mérité ni par lâcheté ni par imprudence; chacun
reconnaissait que c'était par la faute seule du
grand vizir que ce malheur était arrivé, faute
que, du‿reste, il avait payée de sa vie. Le sultan
reprit donc tristement avec cette escorte la route
de Belgrade, et alla s'enfermer dans son palais
d'Andrinople, ne voulant pas reparaître en vaincu
dans sa capitale, où, un an auparavant, il était
rentré en triomphateur (1).

On conçoit combien ces événements devaient
agiter Constantinople, d'autant plus qu'il n'y avait
ni journaux, ni publications officielles qui missent
le public au courant de ce qui se passait. On en
était réduit aux récits plus ou moins fidèles, plus
ou moins exagérés de ceux qui avaient échappé
au désastre de Zentha, ou aux rapports verbaux
des messagers chargés de transmettre les ordres
du nouveau vizir.

L'ambassadeur de France lui-même n'était

(1) L'année précédente (1696), Mustapha II avait inauguré
son avénement au trône par une grande victoire qu'il avait
remportée, dans les plaines d'Olasch en Hongrie, sur les impériaux, commandés par Frédéric-Auguste de Saxe. Il avait
fait, au retour de cette campagne, une entrée triomphale à
Constantinople; son cortége rappelait ceux de Soliman le
Grand, le plus célèbre des sultans ottomans.

guère plus instruit que le vulgaire; l'absence du
sultan et de ses ministres, dont le séjour à Andrinople se prolongeait indéfiniment, rendait ses
relations avec la cour ottomane plus difficiles,
moins régulières et moins complètes que lorsqu'elle résidait à Constantinople. Les messages
qu'il en recevait de temps en temps étaient donc
insuffisants pour lui faire connaître le véritable
état des choses, et, afin de compléter autant que
possible son instruction à cet égard, M. de Ferriol, à l'exemple d'un grand nombre de personnages distingués de Péra, de Galata et du Phanar (1), se rendait chaque jour au grand bazar
dit de Mahomet II ; là il écoutait les propos des
uns et des autres, interrogeait celui-ci, répondait
aux questions de celui-là, et tâchait, au milieu de
cette confusion de nouvelles contradictoires, de
découvrir la vérité. S'il ne réussit pas toujours à
connaître avec exactitude les faits tels qu'ils s'é-
taient passés, ce qui n'est pas facile même à ceux
qui entreprennent d'écrire l'histoire avec le plus
d'impartialité possible, il parvint du moins à
se rendre compte du jugement porté par l'opi-

(1) Ce sont trois grands quartiers ou faubourgs de Constantinople : Péra est le quartier des Européens ou des Francs ;
Galata, celui des négociants; le Phanar, celui des Grecs.

nion publique sur les événements accomplis.

Le pouvoir du sultan ni l'affection du peuple
pour lui n'avaient point été ébranlés par le désastre de Zentha. On applaudissait au choix qu'il
avait fait pour son nouveau vizir d'un homme
jeune encore, nommé Amoudjazadé-Pacha, neveu
de Kiuperli, ancien grand vizir, un des hommes
d'État les plus estimés de l'Orient, et qui avait
sauvé l'empire dans des circonstances également
difficiles. Le nouveau vizir avait en quelques
semaines retrouvé une armée sur la surface de
ce vaste empire, où tout musulman était soldat.
Sa main, heureuse dans le choix des généraux
destinés à remplacer les dix-sept pachas morts
dans les retranchements de Zentha, avait assigné
à chacun son poste offensif sur les frontières de
Bosnie, de Dalmatie et de Bulgarie. Mais, tout en
préparant la guerre, il négociait la paix avec
Vienne. M. de Ferriol, consulté par lui sur les
dispositions de la France envers la Turquie, lui
répondit que le roi son maître portait toujours le
plus vif intérêt à la Sublime Porte, et qu'il ne
souffrirait pas que sa puissance fût amoindrie;
mais que, pour le moment, il ne pouvait que
l'aider de ses conseils et de son influence morale,
et non par une diversion armée, attendu qu'il
était lié par le récent traité de Ryswick (20 sep-

tembre 1697), qui avait mis fin à la guerre exis-
tant entre la France d'une part, et l'empire d'Allemagne, l'Espagne, l'Angleterre et la Hollande
de l'autre ; il engageait donc le grand vizir à presser la conclusion de la paix, car maintenant rien
n'empêcherait les armées de l'Autriche, longtemps occupées sur le Rhin, à refluer en masse
sur le Danube. Amoudjazadé comprit toutes les
difficultés de la situation, et ne désespéra pas d'en
triompher. Il chargea un Grec de Phanar, nommé
Maurocordato, premier drogman (interprète) de
la Porte, de nouer à Vienne des négociations.
Maurocordato aplanit toutes les difficultés par son
génie à la fois insinuant et obstiné sous l'appa-
rence de la souplesse. La ville de Carlowitz, voi-
sine de Belgrade et du Danube, fut choisie pour
tenir les conférences préparatoires au nouveau
traité. Des envoyés de Pologne, de Venise et de
Russie participèrent aux discussions et aux réso-
lutions des conférences. Les ambassadeurs d'Angleterre et de Hollande furent acceptés de part et
d'autre comme médiateurs officieux. La France
seule n'y était pas représentée, ce qui ne l'em-
pêcha pas d'y exercer une influence réelle.

En effet, pendant toute la durée des conférences tenues par ce nouveau traité de Ryswick
de l'Orient, M. de Ferriol ne s'éloigna pas un

instant de Constantinople; mais il ne laissait pas
pour cela d'être au courant de tout ce qui se
passait, soit par sa correspondance avec le grand
vizir, soit par les dépêches directes que lui expé-
diait Maurocordato lui-même. De son côté, il
faisait part à l'un et à l'autre de ses observations,
de ses conseils, conformément aux instructions
qu'il recevait de la cour de Versailles, et d'après
les remarques qu'il faisait sur l'opinion dont il
continuait « à tâter le pouls », suivant son expression, dans ses promenades habituelles aux
bazars.

CHAPITRE II

Un marché aux esclaves.

Tandis que les conférences de Carlowitz suivaient leur marche avec cette lenteur calculée et ces formules minutieuses qui caractérisent les diplomates de tous les temps et de tous les pays, la tranquillité renaissait peu à peu à Constantinople, et le commerce, si longtemps interrompu par les hostilités sur terre et sur mer, reprenait, grâce à la trêve, une certaine activité. Les bazars se garnissaient de marchandises nouvelles, et la foule des visiteurs et des acheteurs des deux sexes recommençait à les encombrer.

Mme la comtesse de Ferriol, la femme de l'ambassadeur de France, était tout aussi assidue
que son mari à fréquenter ces sortes de réunions.
Seulement elle n'y allait pas, comme lui, quêter
des nouvelles politiques, ni rechercher de quel
côté soufflait le vent de l'opinion populaire. Elle
ne visitait ordinairement que les bazars couverts,
ceux où se vendent les marchandises les plus
précieuses, les parures, les bracelets, les colliers
de corail, de perles, de toutes sortes de pierreries, et les riches tapis de la Perse, et les tissus
les plus délicats de l'Inde et de la Chine, et tous
ces mille riens qui entrent dans la toilette des
femmes. Là elle se rencontrait ordinairement
avec quelques dames européennes de sa connaissance, et l'on passait le temps à causer chiffons,
à discuter sur la forme d'un voile ou la couleur
d'une écharpe, le tout entremêlé de l'anecdote
du jour assaisonnée d'un peu de médisance.

Dans une de ces réunions, Mme de Ferriol ayant
appris que des marchands arméniens venaient
d'amener une caravane de belles captives circassiennes qu'ils se proposaient de mettre en vente
le lendemain dans le grand bazar de Mahomet II,
où se tient le marché aux esclaves, elle témoigna
à son mari le désir de voir ce marché, et le pria
de l'accompagner, n'osant pas aller seule dans ce

bazar, que ne fréquentaient pas les femmes de sa
condition. M. de Ferriol y consentit, et le lendemain ils s'y rendirent tous deux, escortés du
chiaoux et des cavas (1) attachés à l'ambassade,
et suivis de quelques-uns de leurs domestiques
français.

En arrivant, Mme de Ferriol fut péniblement
affectée du spectacle étrange qui s'offrit à sa vue.
Sous une espèce de hangar, à peine suffisant pour
les mettre à l'abri des rayons d'un soleil brûlant,
étaient réunies par groupes de deux ou trois, ou
rangées une à une sur une seule ligne, une cin-
quantaine de femmes et de jeunes filles ; quelques-unes de ces dernières étaient des enfants de
huit à dix ans à peine ; la plus âgée des femmes
n'avait pas trente ans ; on en comptait environ
une douzaine de cet âge et au-dessous jusqu'à
vingt ans. Il y avait une trentaine de jeunes filles
de douze à quinze et dix-huit ans ; le reste étaient
des enfants. Un peu plus loin, sous un hangar
séparé, étaient réunis une vingtaine de petits
garçons dont les plus jeunes pouvaient avoir
de cinq à six ans, et les plus âgés douze ans au
plus. Tous ces enfants, les jeunes filles surtout,
étaient remarquables par leur beauté, quoique

_____

(1) Huissier et gardes.

les fatigues d'un long voyage, les privations, et sans doute le chagrin d'être réduits en esclavage, eussent altéré leurs traits.

Mme de Ferriol, touchée de compassion pour ces pauvres créatures, qu'elle aurait voulu pouvoir racheter toutes, afin de les rendre à la liberté et à leur famille, s'informait avec une curieuse anxiété des causes qui les avaient réduites en esclavage. Voici les renseignements que lui donna son mari, après qu'il eut interrogé le chef de la caravane à ce sujet.

Tous ces esclaves, de l'un et de l'autre sexe, appartiennent à l'une des principales tribus circassiennes ou *Tcherkesses,* comme les appellent les Turcs qui habitent les flancs septentrionaux du Caucase, sur la rive gauche du fleuve Kouban. Cette tribu s'étant révoltée contre le kan de Crimée, son suzerain, celui-ci avait envoyé des troupes pour les châtier. Les soldats du kan ont envahi leur territoire, pillé et détruit leurs principales bourgades, mis en fuite ou passé au fil de l'épée les guerriers qui voulaient résister, et emmené en esclavage un grand nombre de femmes et d'enfants ; puis ils ont vendu leurs captifs à des marchands arméniens. Ceux-ci les ont conduits d'abord à Andrinople, où se trouve la cour du sultan; ils ont vendu un certain nom-

bre de leurs plus belles captives pour le harem
de Sa Hautesse ; d'autres ont été achetées par le
grand vizir et par quelques-uns des pachas de
la suite du sultan ; ils ont amené le reste à Constantinople, où ils espèrent s'en défaire avanta-
geusement, à l'exception toutefois des jeunes
garçons, qu'ils se proposent de conduire en
Égypte, où les mamelouks les achèteront un
bon prix pour recruter leur milice.

Mme de Ferriol ne revenait pas de ces explications
données froidement par cet homme, comme ferait
un honnête négociant qui entrerait dans des détails circonstanciés sur l'origine, la provenance,
la qualité des marchandises qu'il offre aux ama-
teurs.

Ce fut bien pis quand, l'heure de la vente
arrivée, elle vit ces pauvres créatures, qui
jusque-là étaient restées accroupies ou plutôt
assises par terre les jambes croisées à l'orientale, forcées de se lever sur un signe de leurs
gardiens, et de subir l'examen des acheteurs,
comme cela se pratique dans nos foires pour la
vente des chevaux et des bestiaux. C'était quelque
chose de révoltant et d'ignoble que de voir et
d'entendre vendeurs et acheteurs discuter le prix
d'une créature humaine, d'un être fait à l'image
de Dieu, comme ils l'eussent fait d'une bête de

somme ou du plus vil animal domestique. Oh!
comme elle s'applaudissait d'appartenir à une
religion qui avait aboli ce trafic infâme, et rendu
à l'homme sa véritable dignité, en lui enseignant
que nous sommes tous frères, tous enfants de
Dieu, rachetés par le sang du Sauveur!

Tout en faisant ces réflexions, elle sentait son
cœur se serrer de tristesse et de compassion.
Bientôt elle ne put supporter plus longtemps ce
spectacle navrant, et elle s'apprêtait à se retirer,
lorsque ses yeux se portèrent sur une petite fille
de trois à quatre ans, qui jouait avec insouciance
au milieu de ses compagnes plus âgées, et semblait tout à fait étrangère à ce qui se passait
autour d'elle. La beauté de cette petite, sa gentillesse, sa grâce enfantine frappèrent Mme de
Ferriol. Après l'avoir regardée pendant quelques
instants sans attirer son attention, l'ambassadrice s'approcha d'elle, et lui présenta une bon-
bonnière en l'engageant par signe à prendre des
bonbons. L'enfant cessa de jouer aussitôt, et fixa,
d'un air étonné, ses grands yeux bleus pleins
d'expression sur Mme de Ferriol. Celle-ci fut touchée de ce regard doux et pénétrant qui semblait
l'interroger et lui dire : « Que me voulez-vous? »
Répondant à cette interrogation muette, comme
si l'enfant eût pu la comprendre : « Je désire, dit

la comtesse, que vous preniez quelques-unes de
ces friandises. »

En disant ces mots, et comme pour mieux se
faire entendre, elle prit elle-même une tranche
d'orange confite, qu'elle mangea, en faisant de
nouveau signe à la petite fille d'en faire autant.

Cette fois l'enfant parut comprendre ; elle avança
timidement sa petite main, en jetant un nouveau
coup d'œil à la belle dame qui tenait cette jolie
boîte d'où s'exhalait un parfum délicieux ; elle
saisit une tranche de fruit confit, et la mangea
en donnant des signes non équivoques du plaisir
qu'elle goûtait. Mme de Ferriol vida alors sa bon-
bonnière dans les deux petites mains de l'enfant, et
elle ne pouvait se lasser d'admirer l'expression
de reconnaissance et de plaisir qui illumina tout
à coup sa physionomie intelligente.

« Regardez donc, dit-elle à son mari, la charmante petite créature que voilà. Que je serais
heureuse de pouvoir la soustraire au malheureux
sort qui l'attend !

— Je pense que cela ne serait pas difficile,
répondit M. de Ferriol ; il suffirait de payer au
marchand la somme dont on conviendrait avec
lui pour la rançon de cette enfant.

— Sans doute ; mais peut-être a-t-elle sa mère
parmi ces femmes, et probablement le marchand

entend les vendre toutes deux ensemble; or je
ne me soucie nullement de faire un pareil marché...

— Oh! les marchands d'esclaves n'ont pas de
ces scrupules, et si vous tenez à avoir l'enfant
seule, il ne fera nulle difficulté de vous la céder,
pourvu qu'il y trouve son bénéfice.

— Et moi je n'aurais pas la cruauté de séparer
un enfant de la mère. Sans doute ce serait pour
moi un grand bonheur d'avoir cette petite fille,
de l'élever dans notre sainte religion, comme
notre propre enfant, puisque le Ciel ne nous en
a point accordé; mais ce ne serait que dans le
cas où elle n'aurait plus sa mère.

— Il est facile de nous en assurer, reprit M. de
Ferriol; je vais m'adresser au chef de la caravane, qui vient justement de notre côté. »

En effet, ce chef, vieil Arménien rusé, tout en
surveillant l'ensemble du marché, avait remarqué que Mme l'ambassadrice de France s'était
arrêtée vers l'enfant dont nous venons de parler;
et, sans se douter de ce qui se passait, il avait
soupçonné, avec cet instinct qui distingue ses
pareils, qu'il y avait peut-être là quelque bonne
opération à faire; sans affectation, de l'air le
plus indifférent du monde, il dirigeait ses pas de
ce côté. Lorsqu'il ne fut plus qu'à une faible

distance de l'ambassadeur, celui-ci le fit appeler
par son drogman. Aussitôt le vieux marchand s'a-
vança en faisant les saluts les plus profonds, puis
il dit de sa voix la plus humble :

« Son Excellence désire-t-elle quelque chose
de son serviteur? Qu'elle parle, il s'empressera
d'obéir.

— La comtesse de Ferriol, ma femme, répondit l'ambassadeur, désire savoir quelle est cette
enfant et comment elle se trouve en votre possession. »

(Nous supprimons les formules emphatiques
à l'usage des Orientaux pour traduire en langage
simple les réponses du vieil Arménien.)

« Cette enfant, dit-il, est la fille d'un prince
Tcherkess, de la famille d'Altashuk (1); son père,

(1) La forme du gouvernement des Tcherkesses était pure-
ment féodale. La nation se composait des princes, de la noblesse et des vassaux. Tous ces princes ou beys font remonter
leur origine à Inal, kan très-puissant autrefois; la famille
d'Altashuk, qui subsistait encore au commencement de ce
siècle, était une des plus puissantes et en même temps des
plus turbulentes. La personne de ces princes est sacrée. La
noblesse n'a d'autres obligations envers les princes que de les
accompagner en temps de guerre. Les vassaux ne sont que
d'anciens prisonniers de guerre, qui à la longue ont adopté
les mœurs et le langage des vainqueurs. On leur abandonne
la culture des terres moyennant certaines redevances envers

après avoir courageusement défendu son palais
contre les soldats du kan de Crimée, s'est enfui
dans la montagne avec ceux de ses nobles et de
ses vassaux qui n'avaient pas succombé ; en par-
tant il a mis lui-même le feu à son palais, où il
laissait tout ce qu'il avait de plus précieux, ses
femmes, ses enfants, ses trésors, ses esclaves,
afin que ces objets ne tombassent pas au pouvoir
des vainqueurs. Ceux-ci s'efforcèrent d'éteindre
l'incendie ; mais une partie du palais était minée,
et une explosion épouvantable la fit sauter, en-
sevelissant dans ses ruines les assaillants et les
assiégés. Ceux des soldats tartares qui survé-
curent à ce désastre, n'en poursuivirent pas
moins avec ardeur leur œuvre de pillage à tra-
vers les décombres. Dans une chambre voûtée,
au-dessous d'une tour dont la partie supérieure
s'était écroulée, ils trouvèrent quelques femmes
esclaves qui s'y étaient réfugiées au moment de
l'assaut. Au milieu d'elles était cette enfant,
qu'elles déclarèrent être la plus jeune des filles
du prince, ce qu'il était, du reste, facile de recon-
naître aux bracelets qui ornaient ses poignets et
au collier de perles qu'elle portait au cou. Ces

leurs seigneurs. La division des classes est strictement ob-
servée, et jamais elles ne se confondent.

femmes déclarèrent, en outre, que cette enfant
était âgée de quatre ans et se nommait Aïssé. »

Mᵐᵉ de Ferriol écoutait avec le plus vif intérêt
ces détails à mesure que le drogman les lui tra-
duisait. Quand il eut terminé, elle dit au drogman :

« Demandez-lui si l'on n'a eu aucune nouvelle
de la mère de cette petite.

— Il est probable, répondit le marchand,
qu'elle aura péri dans l'incendie du château,
mais on n'a que des conjectures à cet égard;
dans tous les cas, si par hasard elle avait
échappé, on ignore complétement ce qu'elle est
devenue. Ce que l'on sait de plus certain, c'est
que son père n'a pu échapper à ceux qui s'é-
taient attachés à sa poursuite, et que, dans un
dernier combat, il a succombé avec la plupart
de ceux qui l'accompagnaient.

— Ainsi, dit Mᵐᵉ de Ferriol en soupirant, cette
pauvre petite n'a plus personne qui s'intéresse à
elle! Demandez-lui, ajouta-t-elle en s'adressant
au drogman, quel prix il veut pour la rançon de
cette enfant.

— Mon intention, répondit l'Arménien, n'était
pas de m'en défaire à présent, parce qu'on ne
voudrait peut-être m'en offrir qu'un prix mi-
nime; mon projet est de la garder pendant quel-

ques années, jusqu'à l'âge de dix à douze ans
au moins ; alors je serais sûr de la vendre huit
ou dix mille piastres ; mais si Son Excellence
monseigneur l'ambassadeur du grand empereur
des Francs désire acheter cette enfant, je suis
prêt à la lui céder à des conditions raisonnables.

— Et quelles sont ces conditions ? demanda
M. de Ferriol ?

— Pour tout autre que pour Son Excellence,
ce serait au moins deux mille piastres ; mais
pour elle ce sera la moitié, c'est-à-dire mille
piastres (environ quinze cents francs de notre
monnaie). »

M. de Ferriol, en grand seigneur qu'il était,
ne marchanda pas, paya l'Arménien, et Mme de
Ferriol, enchantée, prit dans ses bras la petite
fille, qui paraissait elle-même ravie de rester
avec la belle dame qui venait de lui donner de
si bonnes friandises ; puis, après lui avoir fait
de tendres caresses, elle remit la petite Aïssé
à une de ses femmes, et regagna l'hôtel de
l'ambassade avec sa nouvelle protégée.

CHAPITRE III

La première éducation d'Aïssé. — Une révolution
en Turquie.

Le premier soin dont se préoccupa Mme de Ferriol, lorsque la jeune Circassienne eut été remise en sa possession, fut de la faire baptiser. La cérémonie eut lieu dans la chapelle de l'ambassade ; le baptême fut administré par un des pères jésuites de la maison de cet ordre alors établie à Constantinople. Le parrain et la marraine furent naturellement l'ambassadeur et sa femme. L'enfant reçut le nom de Madeleine, qui était celui de Mme de Ferriol ; mais on continua à lui donner celui d'Aïssé, et c'est sous ce nom qu'elle a été connue plus tard en France et qu'elle

2 *

figure au nombre des femmes qui ont acquis une certaine célébrité dans la première moitié du XVIIIe siècle, à côté de Mmes du Deffant, de Villars, de Lafayette et de Tencin.

Ce fut pour Mme de Ferriol une agréable distraction que la présence de cette charmante petite fille. Elle ne s'en rapportait pas à ses femmes des soins à donner à cette enfant : du matin au soir elle la cajolait, la bichonnait, la dorlotait : elle cherchait à deviner ses moindres désirs, à satisfaire ses moindres caprices.

« Prenez garde, Madame, lui disait quelquefois son mari, vous gâterez cette enfant avec tous ces petits soins et ces délicatesses, et à force de lui laisser faire toutes ses volontés.

— Oh ! répondit-elle, la pauvre petite a eu assez à souffrir dans ses premières années pour être un peu dédommagée par quelques douceurs des rudes épreuves par lesquelles elle est passée. D'ailleurs si jusqu'ici je lui ai laissé faire ses volontés et contenter ses désirs, c'est que jamais ses volontés n'ont été déraisonnables ni ses désirs déréglés ; s'il en était autrement, je saurais bien réprimer ces écarts et la remettre dans le droit chemin ; mais, vous avez pu le remarquer vous-même, elle est douée d'un excellent naturel qu'il suffit de diriger avec douceur pour

qu'il se développe de lui-même de la manière
la plus heureuse ; en la contrariant, on courrait
risque de le fausser. »

Il y avait du vrai dans ce que disait Mme de
Ferriol : oui, la jeune Aïssé était douée d'un naturel exquis, d'une intelligence rare, d'un cœur
sensible à toutes les vertus et qui se montrait,
dès sa plus tendre enfance, susceptible d'attachement et de reconnaissance. Sans doute il ne
fallait pas contrarier des dispositions si heureuses ; mais il ne fallait pas non plus se contenter
de les diriger avec douceur, mollement, de les
laisser en quelque sorte à elles-mêmes, comme
si elles devaient se développer toutes seules, spontanément. C'est comme si l'on disait qu'un sol
naturellement fertile, pourvu d'une excellente
terre végétale, n'a besoin d'être ni labouré, ni
ensemencé de bon grain pour produire une bonne
moisson. Chacun sait que si l'on néglige de le
cultiver, le champ le plus fécond se couvrira
bientôt de plantes parasites, d'herbes sauvages
et d'ivraie, qu'il sera d'autant plus difficile d'ar-
racher qu'on leur aura laissé prendre de plus
profondes racines.

Il en est de même d'un enfant ; si l'on n'a pas
soin de jeter de bonne heure dans son âme la
semence des vertus, les défauts et les vices s'y

implanteront d'eux-mêmes, grandiront avec lui,
e lfiniront peut-être par étouffer des germes de
vertu qu'il avait apportés en naissant dans son
cœur.

Telle est, en résumé, l'histoire d'Aïssé. Tous
les soins furent prodigués à son éducation; on
n'oublia que des principes. Faite pour connaître
et pour aimer la vertu, la jeune Circassienne,
comme nous le verrons plus tard, ne revint à elle
qu'après de longues erreurs; mais n'anticipons
pas sur les événements.

Au bout d'un an, la petite Circassienne s'ex-
primait facilement en français, et avait même
complétement oublié le peu qu'elle avait su de
sa langue maternelle. Son intelligence se déve-
loppait de jour en jour, son babil devenait de plus
en plus intéressant, sa grâce et sa gentillesse
croissaient avec les années. Mme de Ferriol en
raffolait; chaque jour elle s'amusait à inventer
de nouvelles toilettes pour mieux faire ressortir
la bonne mine de sa filleule. Tantôt elle l'habillait
à la mode française, tantôt à l'orientale, en oda-
lisque, en Géorgienne, en Circassienne, et sous
tous ces costumes elle était réellement ravissante. Toutes les personnes attachées à l'ambassade, et toutes celles qui faisaient partie de
la société de Mme de Ferriol, semblaient s'en-

tendre à qui mieux mieux pour gâter l'enfant à
l'exemple de sa maîtresse et dans l'intention de
plaire à cette dernière. On faisait mille compli-
ments à madame l'ambassadrice sur la jolie tournure, sur l'incomparable gentillesse de sa pupille; on vantait son talent précoce pour la danse
et pour le chant; car si on avait négligé le déve-
loppement de ses qualités morales, on avait eu
soin de développer ses qualités physiques et de
lui enseigner des talents d'agrément. Aïssé entendait et comprenait ces flatteries, et déjà la
vanité et la coquetterie s'infiltraient dans son
âme.

Un seul personnage attaché à l'ambassade ne
partageait point l'engouement de la comtesse et
de son entourage pour la manière dont on élevait
la jeune Circassienne : c'était l'aumônier. Il fit
à cet égard des remontrances sérieuses, je dirai
presque sévères, à Mme de Ferriol; après avoir
essayé de lui faire comprendre tout ce qu'il y
avait de dangereux dans le système d'éducation
qu'elle avait adopté pour sa filleule, il termina
par ces mots : « Rappelez-vous, Madame, qu'il
y a aujourd'hui cinq ans, vous présentiez cette
enfant sur les fonts baptismaux, et que devant
Dieu vous juriez, au nom de cette jeune catéchu-
mène, de renoncer à Satan, à ses pompes et à

ses œuvres; eh bien, Madame, avez-vous songé
à la terrible responsabilité que vous assumez sur
votre tête en initiant vous-même votre filleule
aux pompes et aux œuvres du démon? »

Mme de Ferriol ne se formalisa pas de la franchise un peu rude avec laquelle lui avait parlé
le prêtre; seulement elle chercha à lui faire entendre que le mal n'était pas aussi grand qu'il le
croyait; que si elle avait agi jusqu'à présent
comme elle l'avait fait, c'est que sa filleule était
trop enfant pour attacher l'idée du mal aux di-
vertissements en usage dans ces pays; que d'ailleurs elle s'attendait d'un jour à l'autre à ce que
son mari serait rappelé en France, et qu'une fois
de retour à Paris, son projet était de placer Aïssé
dans un couvent pour faire sa première communion et achever son éducation.

« Fort bien, Madame, reprit l'aumônier; mais
puisque votre intention est de la mettre en pension dans un couvent à votre arrivée en France,
il me semble qu'il serait convenable de la préparer à un changement de vie aussi radical par
quelques instructions sur la religion, sur ses
principaux mystères, sur les devoirs et les obligations qu'elle nous impose, etc.

— Je la croyais encore trop jeune, reprit
Mme de Ferriol, pour occuper son esprit de choses

aussi sérieuses ; cependant, mon révérend père,
si vous jugez que cela soit utile, je suis loin de
m'y opposer, et je vous prierai même de vouloir
bien vous charger de donner à cette petite une
première instruction religieuse. »

L'aumônier accepta volontiers, et entreprit
aussitôt d'enseigner le catéchisme à la jeune Circassienne. Son instruction élémentaire avait été
tellement négligée, qu'elle savait à peine lire,
et que le père jésuite se vit obligé de com-
mencer par lui apprendre à lire. La rare intelligence de cette enfant et sa docilité faisaient espérer à son précepteur de rapides progrès; mais
les leçons, commencées depuis deux mois à
peine, furent interrompues tout à coup par un
de ces événements assez fréquents en Orient à
cette époque.

Nous avons vu que des conférences avaient été
établies à Carlowitz pour négocier la paix entre
l'empire d'Allemagne et la Turquie, et que l'ambassadeur de France, sans avoir assisté à ces réunions, y exerçait une certaine influence. Ces conférences aboutirent enfin, et, le 26 janvier 1699, fut
signé un traité plus avantageux à la Porte qu'on
n'aurait osé l'espérer après le désastre de Zentha.

En effet, l'empire ottoman n'abandonnait aux Autrichiens, aux Polonais et aux Vénitiens que ce qu'ils possédaient déjà de fait avant la guerre; mais ces puissances restituaient sans guerre à la Turquie la plus grande partie des provinces, des îles et des citadelles que le malheur des temps avait enlevées aux trois derniers règnes. Cette restauration valait plus que dix batailles gagnées; mais les vieux musulmans n'en furent pas moins indignés de ce qu'ils appelaient les humiliations du congrès de Carlowitz. Tout traité qui bornait l'empire paraissait indigne des fils d'Othman.

Ce ressentiment des Turcs, exploité par l'envie contre le grand vizir Amoudjazadé, força le sultan à destituer ce ministre et à le remplacer par le pacha de Bosnie, nommé Daltaban, qui jouissait de toute la faveur populaire. Lorsque celui-ci fut arrivé au pouvoir, il fut à son tour l'objet de dénonciations et d'accusations contre la vie du sultan. Mustapha II prononça son arrêt de mort, qui, malgré les protestations de fidélité du patient, fut exécuté.

Le supplice de Daltaban fut le signal d'une révolte à Constantinople, révolte d'autant plus facile à exciter par les mécontents, que, depuis la malheureuse affaire de Zentha, le sultan n'avait pas

cessé de résider à Andrinople, et n'avait jamais
reparu dans sa capitale.

L'ambassadeur de France n'entendait pas sans
effroi les propos séditieux qui se tenaient ouvertement dans les bazars. Les cheicks eux-mêmes
accusaient hautement le nouveau grand vizir
Rami-Pacha, et le muphti Feizoullah, qui jouissait de toute la confiance du sultan, d'être des
traîtres vendus aux ennemis de l'État et de l'islamisme.

« Ce sont eux, disaient les uns, qui sont
les auteurs de la mort de Daltaban, le vainqueur
des Arabes, notre bouclier contre les impériaux :
c'est son mérite qui a armé contre lui leur basse
jalousie. C'était pour commettre ce lâche attentat,
ajoutaient les autres, qu'ils retenaient le sultan
à Andrinople ; il y passe ses journées à chasser
dans les forêts, et Constantinople est dans la mi-
sère.

— On nous laisse, disaient d'autres, pour nous
gouverner un caïmakam (gouverneur) de dix-
huit ans, qui n'a d'autre mérite que d'être le
gendre du muphti Feizoullah, le premier en-
nemi de l'empire. »

Ces propos et d'autres semblables soulevèrent
en peu de jours les ulémas, les djébedjis, les janissaires et la populace de Constantinople, contre

un gouvernement qui semblait s'enfouir à Andrinople, et qui ne se révélait à la véritable capitale que par le retentissement sinistre de ses exécutions. Le jeune caïmakam essaya d'apaiser la révolte, avec la rigueur, mais avec l'inexpérience de son âge. Bientôt assiégé dans son palais, menacé de mort, destitué par une assemblée de révoltés, remplacé tumultueusement par Hassan-Ferari-Pacha, homme agréable à la multitude, il était impuissant à réprimer un soulèvement qui changeait d'heure en heure l'émeute en révolution. Le peuple et les soldats proclamaient sous ses yeux un grand vizir, Ahmed-Pacha, et un muphti, Mohammed-Effendi, comme un défi au grand vizir Rami et au muphti Feizoullah d'Andrinople. Les portes de la ville furent fermées par ordre de ce gouvernement populaire, et toute communication fut interdite avec Andrinople.

Au milieu de ces désordres, la consternation régnait dans le palais de l'ambassadeur de France. On avait tout à redouter, dans cette anarchie, d'une populace déchaînée, livrée à elle-même et exaltée par le fanatisme et la cupidité. On savait que le comte de Ferriol avait été, sinon un des auteurs, au moins un des instigateurs du traité de Carlowitz; que le peuple, dans son aveugle-

ment, s'obstinait à regarder comme une œuvre
de honte et d'abaissement pour l'empire, tandis
qu'il en avait assuré le salut. Un mot d'un mal-
veillant, la moindre imprudence d'un ami, pouvait allumer les passions de cette populace effré-
née, qui n'aurait pas plus respecté l'inviolabilité
d'un ambassadeur chrétien qu'elle ne respectait
l'autorité de son propre souverain.

M. de Ferriol se tint enfermé dans son palais
pendant les cinq à six jours que dura l'émeute,
ne communiquant au dehors que par l'intermédiaire d'un vieux janissaire, attaché depuis longues
années comme garde à l'ambassade de France, et
sur la fidélité duquel on pouvait compter.

Mme de Ferriol passa tout ce temps dans des
transes mortelles, tressaillant chaque fois qu'elle
entendait retentir au loin les clameurs des révoltés, ou l'éclat des coups de fusil ou même de
canon qui se tiraient de temps en temps, soit
par suite d'un conflit entre eux, soit en signe de
réjouissance de quelque événement ou de l'élévation au pouvoir de quelque nouveau personnage.

« Non, disait-elle à son mari, si nous avons
le bonheur d'échapper à cette tempête populaire,
si le calme se rétablit, non, je ne veux pas rester
un jour de plus dans cette ville maudite. Je m'em-

barquerai sur le premier vaisseau qui fera voile pour la France. »

Enfin Ali, le fidèle janissaire, se présenta un matin, la figure rayonnante de joie, devant M. de Ferriol. Il n'avait pas paru depuis deux jours, et son absence inquiétait beaucoup son maître.

« Te voilà donc enfin! lui dit le comte en l'apercevant; eh bien, Ali, voyons, qu'y a-t-il de nouveau?

— Excellence, il y a d'heureuses nouvelles; vivent Allah et Mahomet son prophète! nous avons un nouveau sultan.

— Un nouveau sultan! s'écria l'ambassadeur au comble de la surprise; es-tu bien sûr de ce que tu dis là?

— J'en suis bien sûr, puisque j'y étais, et que j'ai contribué comme mes autres camarades à l'élévation du nouveau padischah, Ahmed III, qu'Allah le glorifie!

— Comment! Mustapha a été déposé et mis à mort peut-être!

— Non, Excellence, Mustapha a abdiqué *volontairement* en faveur de son jeune frère Ahmed, et on lui a laissé la vie.

— Voyons, raconte-moi donc comment ces choses se sont passées.

— Voici, Excellence. Vous savez qu'il y a quatre
jours une armée de cinquante mille hommes,
commandée par Doroskan-Pacha, que les janissaires et le peuple venaient de nommer grand
vizir, était sortie de Constantinople pour aller à
Andrinople demander au sultan de leur livrer les
têtes du vizir Rami-Pacha et du muphti Feizoullah, qui abusaient de son autorité pour décimer
les meilleurs serviteurs de la foi.

« Parvenue à Hafssa, près d'Andrinople, l'armée
s'arrêta et envoya au sultan une députation pour
lui exposer les griefs des bons musulmans, et lui
déclarer que, si on leur livrait les traîtres, tous
rentreraient aussitôt sous l'obéissance due au
successeur des khalifes.

« Pour toute réponse, Mustapha fit sortir son
armée d'Andrinople, avec ordre de combattre et
d'anéantir les rebelles d'Hafssa; mais l'armée
d'Andrinople, qui avait contre la cour les mêmes
griefs que celle de Constantinople, se réunit aux
soldats de Doroskan-Pacha, et les deux armées
rentrèrent ensemble à Andrinople, faisant entendre les mêmes cris de réprobation contre les
coupables.

« Le grand vizir Rami-Pacha n'attendit pas la
rentrée des troupes pour s'enfuir et se cacher;
on ne sait ce qu'il est devenu. Le muphti Fei-

zoullah fut livré au peuple, qui le fit périr dans
les tortures pour expier la mort de Daltaban.
C'est le seul personnage qui ait été sacrifié à la
vengeance populaire. Le sultan Mustapha, espé-
rant encore détourner de lui la déchéance, envoya
le sceau de grand vizir à Doroskan-Pacha, vizir et
général des rebelles. Mais il était trop tard; une
assemblée pareille à celle de la mosquée des janissaires à Constantinople prononça sa déposition
en lui laissant la vie. Alors Mustapha alla lui-
même chercher son frère Ahmet dans l'intérieur
du palais, lui apprit le vœu du peuple, le salua le
premier du titre d'empereur, et, le conduisant par
la main dans la salle du trône, il l'y fit asseoir et
se prosterna devant lui.

« Alors le peuple et l'armée crièrent tout d'une
voix :

« — Vive Ahmet III, notre glorieux padischah,
grand sultan et empereur des croyants! »

« Je suis parti aussitôt ventre à terre pour
apporter cette grande nouvelle à Votre Excellence, tandis que l'armée et le nouveau sultan
se mettaient en route pour Constantinople, où
ils arriveront probablement dans la soirée de ce
jour. »

Le comte de Ferriol remercia Ali de sa bonne
nouvelle, et le récompensa généreusement de

l'empressement qu'il avait mis à venir la lui annoncer. Ce n'était pas qu'il préférât Ahmet, qu'il
ne connaissait pas, à Mustapha, dont il n'avait eu
qu'à se louer, mais l'avénement du nouveau souverain mettait fin à une anarchie dont on ne pouvait prévoir les suites.

Il s'empressa d'aller annoncer cette nouvelle à
sa femme pour la rassurer; elle était en ce moment en proie à une fièvre violente. Elle écouta
son mari avec indifférence, disant que peu lui
importait le retour de la tranquillité dans une
ville qu'elle aspirait à quitter le plus tôt possible.
« Car, je le sens, disait-elle, si je suis obligée de
rester ici encore un mois, j'y mourrai. »

Son mari chercha à la calmer, lui disant qu'il
aller presser son rappel; mais que, dans tous les
cas, dès qu'elle serait en état de supporter le
voyage, il l'embarquerait avec Aïssé sur le premier navire qui ferait voile pour la France.

CHAPITRE IV

Mort de la comtesse de Ferriol. — Départ d'Aïssé pour la
France. — Son arrivée chez la présidente de Ferriol d'Argental.

Comme l'avait annoncé Ali, le nouveau sultan,
Ahmet III, fit ce jour-là son entrée à Constantinople (23 août 1703). L'ambassadeur de France
alla lui présenter ses hommages, et ses relations
avec le nouveau gouvernement reprirent leur
marche régulière.

Tout était rentré dans l'ordre à Constantinople;
mais la tranquillité publique n'avait pas contribué, comme on l'espérait, au rétablissement de la
santé de Mme de Ferriol. Son mal semblait, au
contraire, augmenter de jour en jour. Elle voulait à toute force partir pour la France, disant

3

que l'air natal pourrait seul la guérir ; peut-être
avait-elle raison, car sa maladie paraissait être
une nostalgie portée au plus haut degré ; mais les
médecins déclarèrent que dans l'état d'extrême
faiblesse où elle se trouvait, elle était incapable
de supporter les fatigues de la traversée, et qu'elle
succomberait inévitablement dès les premiers
jours de navigation.

Lorsqu'elle connut cette décision des médecins,
elle dit avec résignation : « C'est mon arrêt de
mort qu'ils ont prononcé. » En effet, dès lors on
la vit s'affaiblir, pour ainsi dire, d'heure en heure.
Ne se faisant plus d'illusion sur son état, elle voulut, pendant qu'elle conservait encore toute sa
présence d'esprit, mettre ordre à ses affaires spi-
rituelles et temporelles. L'aumônier de l'ambassade l'entendit plusieurs fois en confession, et lui
administra les derniers sacrements. Elle fit ensuite son testament. Elle institua son mari pour
son légataire universel, à charge par lui de payer
une rente annuelle et perpétuelle de six mille
livres à Madeleine Aïssé, leur filleule, ou plutôt
leur fille adoptive, en le priant de lui transmettre
le surplus de sa succession, s'il l'en jugeait digne ;
enfin elle manifestait le désir d'être inhumée en
France, ne voulant pas être enterrée dans le pays
des infidèles.

Peu de jours après avoir terminé ces arrangements, elle mourut paisiblement, ou plutôt elle
s'éteignit comme une lampe qui manque d'ali-
ment.

Aïssé pleura amèrement la mort de sa mère
adoptive. C'était le premier chagrin réel qu'elle
éprouvait, car elle était trop jeune à l'époque des
malheurs de sa famille pour les comprendre et en
être sérieusement affectée. A neuf ans une douleur trop vive ne saurait être de longue durée;
ses larmes cessèrent de couler, son chagrin s'a-
paisa avec le temps, mais jamais elle n'oublia
celle qui lui avait servi de mère, et jamais, dans
tout le cours de sa vie, elle ne prononça son nom
sans éprouver un profond attendrissement.

M. de Ferriol, pour se conformer aux désirs de
sa femme, fit embaumer son corps pour le trans-
porter en France. Son projet était de l'accompagner, et dans ce but il avait renouvelé la demande
de son rappel ou au moins d'un congé; mais, au
lieu de la permission qu'il attendait, il reçut
l'ordre de rester à son poste, parce que, disait la
lettre du ministre, il était nécessaire pour le bien
du service du roi que son représentant auprès
de la cour ottomane ne fût pas changé dans les
circonstances actuelles, et au commencement du
règne d'un nouveau sultan; que plus tard, si le

service de Sa Majesté le permettait, on lui accor-
derait sa demande.

M. de Ferriol résolut alors de faire embarquer
le corps de sa femme sur un bâtiment en partance
pour Marseille. Il chargea un prêtre de la mission
de Constantinople qui retournait en France d'accompagner le corps, et de faire procéder à son
inhumation dans le caveau de leur famille; en
même temps et par le même bâtiment, il envoya
Aïssé en France pour y faire son éducation, selon
l'intention manifestée par sa marraine avant et
pendant sa dernière maladie. Mme de Saint-Genêt,
femme du secrétaire d'ambassade, devait accompagner la jeune fille jusqu'à Paris, et la remettre
entre les mains de Mme la vicomtesse de Ferriol,
belle-sœur de l'ambassadeur, qui avait promis de
s'en charger. L'ancienne femme de chambre de
la comtesse et les autres femmes attachées à son
service devaient aussi être du voyage et veiller
sur Aïssé.

Tout se passa selon les arrangements pris par
l'ambassadeur, et le voyage se fit heureusement,
sans incident remarquable.

Ce n'était pas sans verser d'abondantes larmes
qu'Aïssé avait quitté le palais où s'étaient écoulés
les jours heureux de son enfance, jours d'innocence
et de bonheur qu'elle regretta plus d'une fois dans

sa vie. Deux choses surtout la consolaient un peu : l'une était l'espoir de revoir bientôt son père adoptif, qui lui avait promis de venir la rejoindre le plus tôt qu'il le pourrait; l'autre, c'était d'être placée sous la tutelle d'une autre dame de Ferriol; il lui semblait, d'après cette similitude de nom et la proche parenté, qu'elle allait retrouver celle qu'elle avait perdue : illusion bien naturelle à son âge, mais qui devait se dissiper comme tant d'autres.

Avant de continuer notre récit, nous devons dire quelques mots de cette vicomtesse de Ferriol et de sa sœur Mᵐᵉ de Tencin, qui eurent une grande influence sur l'avenir d'Aïssé. Mᵐᵉ de Ferriol était une demoiselle Guérin de Tencin, fille d'un président à mortier du parlement de Grenoble. Sa famille, d'une ancienne noblesse de robe, était loin d'être riche. Ils étaient quatre enfants, deux garçons et deux filles. L'aîné des garçons entra dans la magistrature et succéda à son père; l'aînée des filles épousa le vicomte de Ferriol d'Argental, président au parlement de Metz, frère de l'ambassadeur. M. de Tencin l'aîné et sa sœur la vicomtesse auraient eu probablement une existence bien modeste, et leurs noms seraient aujourd'hui tout à fait inconnus, s'ils n'avaient eu un frère et une sœur plus jeunes,

qui acquirent, à des titres bien différents, une
certaine célébrité et une grande fortune. Ce frère
cadet, nommé Pierre, entra de bonne heure dans
la carrière ecclésiastique et fut élevé à l'Oratoire ;
il fit sa licence en Sorbonne, fut prieur de cette
maison et y prit le bonnet de docteur. Il devint
successivement grand vicaire et grand archidiacre
de Sens, abbé de Vézelay, conclaviste du cardinal de Rohan en 1721, chargé d'affaires pour la
France à Rome, archevêque d'Embrun, cardinal
archevêque de Lyon et ministre d'État. Sa sœur,
Mⁱˡᵉ Claudine-Alexandrine Guérin de Tencin, destinée par sa famille à la vie religieuse, pour laquelle elle n'avait nulle vocation, entra chez les
bernardines de Montfleury, près de Grenoble.
Après avoir prononcé ses vœux, elle protesta
contre la contrainte qu'elle avait subie, et obtint
de passer comme chanoinesse au chapitre de
Neuville, près de Lyon. C'était un grand pas de
fait vers la liberté : elle ne s'y arrêta point. Ayant
quitté Neuville, elle vint à Paris, et de là elle fit
solliciter, en cour de Rome, un rescrit qui la déga-
geât de tout lien religieux ; le rescrit fut accordé,
et dès lors Mᵐᵉ de Tencin fut rendue entièrement
au monde. Sa conduite fut des plus inconsidérées,
et sa vie des plus orageuses. Femme du monde
dans toute l'acception du mot, spirituelle comme

un démon, selon l'expression d'un de ses contem-
porains, audacieuse, intrigante, elle fut mêlée
aux principaux événements de son époque. Elle
gagna vingt-cinq mille livres de rente dans les
opérations du fameux système de Law, qui ren-
versèrent tant de fortunes. Dans un âge plus
avancé, elle se livra à l'étude et au goût de la
littérature. Son salon devint le centre de la plus
brillante société de Paris. Les savants, les gens
de lettres, s'y rendaient en foule ; les seigneurs
appartenant à la plus haute noblesse, tous les
étrangers de distinction briguaient l'honneur d'y
être admis : c'était une véritable école de bon
goût. C'était là que se préparaient les élections
de l'Académie. Fontenelle et Montesquieu étaient
les membres les plus assidus de son cercle. Son
salon, qui avait hérité de celui de la marquise de
Lambert, devint un des foyers de cet esprit de société qui distinguait éminemment le xviii° siècle,
et qui a, pour ainsi dire, disparu dans le nôtre.

Lorsque le comte de Ferriol, après la mort de
sa femme, avait écrit à sa belle-sœur pour lui
proposer de se charger de l'éducation de sa pupille, il lui avait annoncé en même temps que,
pour subvenir aux frais divers de pension, d'entretien, il mettait à sa disposition la rente de six
mille livres léguée par sa femme à sa filleule.

Mme de Ferriol d'Argental n'était pas riche, comme nous l'avons dit, et elle passait pour être fort économe et même un peu avare; aussi sans cette annonce elle eût peut-être hésité à accepter la proposition de son beau-frère; mais six mille livres pour payer la pension et l'entretien d'une enfant de dix ans, c'était un beau denier, et elle s'empressa de répondre au comte de Ferriol qu'elle serait heureuse de recevoir et d'élever auprès d'elle la jeune orpheline qu'il avait rachetée de l'esclavage; que, d'après tout ce qu'elle en avait entendu dire, elle aimait déjà cette enfant, et qu'elle était toute disposée à la traiter et à l'aimer comme sa propre fille, pourvu que cette enfant voulût s'attacher à elle comme elle l'était à sa défunte et regrettée marraine. « J'avais toujours désiré une fille, ajoutait-elle, et Dieu ne m'a envoyé que des garçons; aujourd'hui il remplit mes vœux en m'envoyant votre charmante Aïssé, qui trouvera des frères dans mes fils et en moi la plus tendre mère. »

Cette lettre, dont M. de Ferriol donna communication à sa filleule au moment de son départ, n'avait pas peu contribué à calmer sa douleur en quittant Constantinople. Mme de Saint-Genêt l'entretint dans ces idées pendant tout le voyage, lui vantant les beautés de la France et surtout les mer-

veilles de Paris, de Versailles et de la cour de
Louis le Grand.

A l'âge d'Aïssé, les impressions pénibles ne
sauraient être profondes ni durables; le changement, la nouveauté, la perspective d'un avenir
inconnu et brillant les effacent peu à peu. Aussi,
en touchant le rivage de France, elle était tout à
fait consolée; elle aimait déjà sa nouvelle patrie,
elle aimait surtout sa nouvelle famille, où elle
retrouverait toute l'affection qu'avait pour elle
sa première mère adoptive.

L'accueil qu'elle reçut en arrivant de Mme de
Ferriol d'Argental la confirma pleinement dans
ses prévisions. En effet, cette dame la reçut non
comme une étrangère qui lui eût été spécialement
recommandée, mais comme elle aurait reçu sa
propre fille après une longue séparation. Tout ce
que le langage du cœur a de plus affectueux,
tout ce que les caresses d'une mère ont de plus
tendre, Mme d'Argental le prodigua à la jeune
Circassienne. Une personne qui aurait eu plus
d'expérience eût peut-être trouvé de l'exagération dans ces démonstrations de sentiments trop
outrées pour être naturelles et sincères; mais
Aïssé était loin de concevoir un pareil soupçon,
et, heureuse de retrouver un cœur disposé à
l'aimer comme elle le désirait, elle répondit aux

3*

caresses de sa nouvelle protéctrice avec un abandon et une franchise qui parurent charmer cette dernière.

Après les premiers épanchements, Mme d'Argental lui demanda :

« Eh bien, mon enfant, pensez-vous que vous vous accoutumerez avec moi, et que vous m'aimerez un peu?

— Oh! Madame, s'écria la jeune fille, pouvez-vous-vous en douter? Je vous aimais déjà avant de vous avoir vue; maintenant je suis sûre de vous aimer, non pas un peu, mais de toutes les forces de mon cœur.

— Bien, ma fille. Mais, dites-moi, quand vous parliez à ma sœur, Mme de Ferriol, disiez-vous : « Madame », comme vous venez de le faire en me parlant?

— Non, Madame; je l'ai toujours appelée maman, d'abord parce que pendant bien longtemps j'ai cru qu'elle était réellement ma mère; plus tard, quand j'ai appris qu'elle ne l'était pas, c'est elle qui a exigé que je continuasse à lui donner ce nom, et c'eût été pour moi une chose bien pénible, et à laquelle je me serais difficilement accoutumée, que de lui en donner un autre.

— Eh bien, mon enfant, puisque je suis destinée à remplacer celle que vous appeliez votre

mère, je n'exige pas, mais je désire que vous me
donniez aussi ce nom. Vous ne pourrez me faire
un plus grand plaisir, et ce sera pour moi la
preuve que vous m'aimez comme vous le disiez
tout à l'heure. »

Pour toute réponse Aïssé se jeta dans ses bras,
les yeux mouillés de larmes d'attendrissement, et,
après l'avoir tenue quelques instants embrassée
en silence, elle dit d'une voix émue : « Merci de
vos bonnes paroles. Oh! oui, je le vois bien, j'ai
retrouvé en vous la tendre mère que j'ai perdue,
et c'est avec bonheur que dès aujourd'hui je vous
appellerai du nom que j'avais l'habitude de lui
donner. »

Mme d'Argental, plus maîtresse d'elle - même
qu'Aïssé, lui dit en souriant :

« Ma chère enfant, j'aime à vous voir dans ces
dispositions, mais calmez - vous : une trop grande
émotion peut faire du mal... Allons, maintenant
que vous voilà de la famille, pour compléter
votre installation au milieu de nous, je veux
vous faire faire la connaissance de vos jeunes
frères. »

En même temps elle sonna; un laquais parut
aussitôt.

« Germain, dit - elle gravement, allez chercher

M. le comte d'Argental et M. le chevalier de Pont-de-Veyle. »

Le laquais salua, et sortit pour exécuter l'ordre de sa maîtresse.

Dès qu'il se fut éloigné, Aïssé dit d'un air embarrassé à sa nouvelle mère adoptive :

« Mon Dieu..., Mad..., maman, vous auriez dû me prévenir avant de faire venir ces messieurs...

— Mais ne vous ai-je pas prévenue que j'allais vous faire faire la connaissance de vos frères ?

— Oui..., mais c'est que... je suis en costume de voyage... et n'aurait-il pas été convenable de changer de toilette pour les recevoir ?

— Ah ! ah ! charmant ! délicieux ! s'écria Mᵐᵉ d'Argental en éclatant de rire... déjà de la coquetterie à dix ans ! cela promet !... »

Ces exclamations, ces éclats de rire troublèrent la pauvre enfant, qui s'imagina avoir dit quelque grosse sottise ; son visage devint rouge comme une cerise, sa poitrine se gonfla et des larmes étaient prêtes à jaillir de ses yeux. Mᵐᵉ d'Argental, qui s'en aperçut, comprima, non sans efforts, son accès de gaieté, et elle reprit avec le plus de calme qu'il lui fut possible :

« Ne vous étonnez pas, ma chère enfant, et surtout ne vous offensez pas de me voir rire ainsi ;

tout à l'heure vous en ferez autant que moi, lorsque vous aurez vu ces messieurs...; quant à votre
toilette, rassurez-vous, ma mignonne; est-ce
qu'une sœur n'est pas toujours suffisamment parée
pour recevoir ses frères? Du reste, ceux-ci ne
feront pas la moindre attention à votre mise, je
vous le garantis...; mais tenez, jugez-en maintenant par vos propres yeux...; » en disant ces mots
elle indiquait du geste la porte du salon qui s'ou-
vrait et livrait passage à Germain; celui-ci tenait
par la main un bambin de trois à quatre ans,
tandis que derrière lui s'avançait une grosse
nourrice normande, tenant dans ses bras un
nourrisson de deux ans à peine.

Mme de Ferriol, prenant par la main le petit
garçon que tenait Germain, le fit avancer auprès
d'Aïssé, en disant d'un ton moitié plaisant, moitié
sérieux :

« Ma fille, je vous présente M. le comte d'Argental, votre frère (1); Charles, voici ta sœur de

(1) Charles-Augustin de Ferriol, comte d'Argental, né à
Paris le 20 décembre 1700, n'avait donc pas encore atteint sa
quatrième année vers le milieu de l'année 1704, époque de
l'arrivée de la jeune Aïssé chez sa mère. Son frère, Henri-
Louis de Ferriol, chevalier de Pont-de-Veyle, né en novembre
1702, n'avait pas tout à fait deux ans. Nous aurons plus tard
occasion de reparler des deux frères, qui conservèrent pour

Constantinople, dont je t'ai annoncé l'arrivée :
embrassez-vous, mes enfants. »

Aïssé, riant cette fois de bon cœur, prit le petit
Charles dans ses bras et l'embrassa à plusieurs
reprises ; celui-ci recevait ses caresses assez
froidement, en la regardant avec de grands yeux
étonnés, et sans ouvrir la bouche.

« Eh bien! dit la mère, tu ne parles pas à ta
sœur, tu as l'air indifférent à ses caresses! Tu
m'avais pourtant dit que tu serais bien aise d'a-
voir une petite sœur pour jouer avec elle, puisque
ton frère était encore trop petit pour s'amuser
avec toi.

— Oui, mais vous m'aviez dit que vous me
donneriez une petite sœur, et je croyais qu'elle
ne serait pas plus grande que moi, tandis que
celle-ci est presque aussi grande que vous, et je
ne pourrai pas jouer avec elle.

— Et pourquoi ne le pourriez-vous pas? dit
Aïssé en souriant; oh! moi je serai bien contente de jouer avec vous; et si vous trouvez que
je suis trop grande, eh bien, je me rapetisserai
pour être à votre taille. »

Et en disant ces mots, elle s'accroupit de-

leur sœur adoptive la plus tendre amitié jusqu'à la fin de sa
vie.

yant l'enfant à la manière orientale, de sorte
que sa tête dépassait à peine celle du petit
Charles.

« Eh bien ! continua-t-elle gaiement, vous
voyez qu'à présent je ne suis pas plus grande
que vous ; croyez-vous maintenant que nous
pourrons jouer ensemble?

— Oui, mais vous ne resterez pas toujours
comme cela.

— Sans doute, reprit Mme de Ferriol, qui s'a-
musait de cette scène enfantine, mais toi-même,
tu grandiras comme un homme; bientôt tu seras
aussi grand qu'elle, et même tu la dépasseras .En
attendant, levez-vous, ma fille, dit-elle en s'adressant à Aïssé, afin que je vous présente votre autre
frère, M. le chevalier de Pont-de-Veyle.

— Pardon, Madame, reprit la nourrice, c'est
que M. le chevalier vient de s'endormir.

— En ce cas, il ne faut pas le réveiller. Décou-
vrez-lui seulement un peu la figure, afin que ma
fille le voie. »

La nourrice écarta aussitôt le voile léger qui
couvrait la tête de l'enfant, et Aïssé aperçut son
visage frais et rose, au milieu des flots de mousseline blanche dont il était enveloppé.

« Oh ! le joli poupon! s'écria-t-elle d'une voix
contenue, pour ne pas le réveiller.

— Vous pouvez parler tout haut, dit la nourrice ; quand il s'endort à cette heure-ci, après avoir teté, un coup de canon ne le réveillerait pas. Vous pouvez même l'embrasser si vous le désirez, il ne s'en réveillera pas davantage. »

Aïssé profita de la permission, et elle effleura du bout de ses lèvres vermeilles la joue rosée de l'enfant.

« Moi aussi, dit alors le petit Charles, je veux embrasser mon petit frère.

— Allons, dit Mme de Ferriol, embrasse-le bien vite, et va retrouver ta bonne.

— Non, moi je veux rester pour jouer avec ma sœur.

— Ta sœur est fatiguée de son voyage et va se reposer. Demain, vous jouerez ensemble toute la journée, si vous le voulez. »

Avec cet entêtement ordinaire aux enfants de cet âge, Charles voulut insister pour rester ; il murmura, frappa du pied ; alors Mme d'Argental, qui jusque-là ne lui avait parlé qu'avec beaucoup de douceur, changeant de ton tout à coup et prenant un air sévère, qui fit frissonner Aïssé :

« Je crois, Monsieur, dit-elle d'une voix grave, que vous osez me désobéir ; pas un mot de plus, ou j'appelle Germain et je lui ordonne de vous administrer le fouet, comme vous le méritez... »

A cette menace, l'enfant cessa de résister, il baissa la tête et suivit en silence la nourrice. Dès qu'il fut sorti, Mme de Ferriol, reprenant son air gracieux, dit à Aïssé :

« Eh bien? ma fille, qu'en pensez-vous? N'avais-je pas sujet de rire quand je vous voyais désolée de n'avoir pas changé votre toilette de voyage pour recevoir ces messieurs?

— C'est vrai, mais je les croyais beaucoup plus âgés ; du reste, ce sont de charmants enfants, et vous devez les aimer beaucoup.

— Sans doute, je les aime, et c'est parce que je les aime sincèrement que mon intention est de ne pas les gâter. Charles montre déjà parfois quelque disposition à l'entêtement, comme vous avez pu en juger tout à l'heure; mais j'ai soin de le reprendre aussitôt et de le corriger au besoin, si cela est nécessaire.

— Comment! dit Aïssé d'un air surpris, vous lui auriez fait donner le fouet comme vous l'en avez menacé?

— Certainement, je l'aurais fait. « Qui aime bien, châtie bien. » Mon enfant, rappelez-vous ce vieux dicton, dont vous reconnaîtrez plus tard la justesse. C'est rendre un mauvais service à un enfant que de ne pas le punir lorsqu'il a commis une faute ; ce n'est pas avoir pour lui une véritable affection. »

Malgré l'assurance avec laquelle parlait Mme d'Argental, Aïssé n'était pas convaincue de la vérité absolue de cette maxime. Elle ne répondit pas ; mais, en faisant dans son esprit la comparaison de ses deux mères adoptives, elle pensa, en soupirant, que la seconde, loin de lui faire oublier la première, la lui ferait peut-être regretter encore davantage.

CHAPITRE V

Projets de Mme la présidente sur Aïssé.

Mme de Ferriol d'Argental, après avoir vu la
jeune Aïssé et l'avoir jugée par suite de plusieurs
entretiens, se trouva indécise si elle mettrait
cette enfant au couvent ou bien si elle la gar-
derait chez elle, en se chargeant elle-même de
son éducation, et en lui donnant quelques maîtres
pour certaines parties de son instruction. Son
beau-frère ne lui avait rien prescrit à cet égard,
et la laissait libre de prendre l'un ou l'autre parti.

Lorsqu'elle avait envisagé tout d'abord la responsabilité qui pèserait sur elle en se chargeant
du soin délicat d'élever cette jeune fille, elle avait
résolu de confier ce soin à des personnes vouées

par état à l'éducation de la jeunesse ; mais lorsqu'elle eut remarqué la douceur du caractère
d'Aïssé, la bonté de son cœur, les heureuses dispositions de son esprit, elle pensa que ces précieuses qualités devraient rendre facile la tâche
de l'élever, et qu'elle ne courrait aucun risque à
l'entreprendre elle-même. Cependant elle ne voulut rien décider sans consulter son mari, qui passait à Metz une partie de l'année. Elle lui écrivit
donc dans ce sens, en faisant ressortir de son
mieux toutes les considérations qui l'engageaient
à garder Aïssé auprès d'elle. Elle en ajouta une
qui lui était toute personnelle, et qui, dans son
opinion, aurait quelque poids aux yeux de son
mari.

« Vous êtes absent, lui disait-elle, une partie
de l'année ; mes fils, dès qu'ils auront atteint
l'âge de sept à huit ans, me quitteront pour entrer au collége : au milieu de la solitude où je
suis menacée de me trouver, Aïssé serait pour
moi une société agréable, et qui me ferait supporter avec plus de patience l'éloignement de
ceux qui me sont le plus chers... »

Il était encore une considération qu'elle osait
à peine s'avouer à elle-même, et dont elle se

gardait bien de parler à son mari, mais qui n'a-
vait pas eu peu d'influence sur la conclusion à
laquelle elle s'était arrêtée; c'est qu'il y aurait
une économie notable à ne pas mettre Aïssé au
couvent, où il faudrait payer une grosse pension,
tandis qu'en restant à la maison, sa dépense pour
frais de nourriture et d'entretien serait fort peu
de chose, ce qui réaliserait un bénéfice tout clair
sur la rente de six mille livres mise à sa disposition.

Mᵐᵉ de Ferriol était persuadée que son mari
entrerait parfaitement dans ses vues; elle ne lui
avait écrit, pour ainsi dire, que pour la forme et
par une sorte de déférence polie, plutôt que pour
demander un conseil ou un consentement sur
lequel elle comptait d'avance. Aussi éprouva-
t-elle une grande contrariété lorsque, courrier
par courrier, elle reçut de son mari une lettre
dans laquelle il désapprouvait son projet, et com-
battait, une à une, toutes les considérations sur
lesquelles elle avait essayé de s'appuyer. Voici
les principaux passages de cette lettre :

« ... En nous associant à la bonne œuvre com-
mencée par feue notre regrettée belle-sœur, nous
avons contracté l'obligation de l'accomplir de la
même manière qu'elle l'aurait fait elle-même.

Or nous savons, par sa correspondance et par celle de mon frère, que l'intention de feue Mme la comtesse de Ferriol était de faire élever sa filleule dans un couvent, » afin qu'elle pût acquérir l'in- « struction religieuse qui lui manquait, et se pré- « parer convenablement à faire sa première com- « munion. » Ces intentions de notre belle-sœur ont été de nouveau manifestées dans son testament, et si mon frère, en vous envoyant cette enfant, n'a pas insisté sur ce point, et a paru vous laisser à cet égard une entière liberté, c'est qu'apparemment il ne supposait pas que vous auriez la pen- sée de ne pas suivre scrupuleusement les inten- tions de sa femme. Mais vous eût-il laissé d'une manière formelle le choix du mode d'éducation à donner à sa pupille, que je ne saurais approu- ver une pareille indifférence de sa part; pour moi, je me ferais scrupule de ne pas me confor- mer aux dernières volontés d'une mourante, sur- tout quand, loin d'être l'effet d'un caprice, elles me paraissent fondées sur les desseins de Dieu à l'égard de cette enfant. En effet, quand on y ré- fléchit attentivement, ne semble-t-il pas que c'est Dieu lui-même qui l'a arrachée de l'escla- vage des hommes pour la soustraire en même temps à l'esclavage du démon, puisqu'il l'a ôtée des mains des infidèles pour la remettre entre

celles du représentant du roi très-chrétien ? Oui,
notre belle-sœur et mon frère n'ont été que les
instruments dont la Providence s'est servie pour
accomplir ses desseins. Ils n'avaient pas compris
d'abord toute l'importance, toute la sainteté de
leur mission; un prêtre zélé leur a ouvert les
yeux, et dès lors ma belle-sœur a pris la résolution de donner avant tout une éducation religieuse à sa fille adoptive; c'est pour cela qu'elle
avait l'intention de la placer dans un couvent,
parce que là, mieux que dans une maison particulière quelque bien réglée qu'elle soit, elle
apprendra les principes de la religion, elle s'en
pénètrera, et les mettra en pratique d'une manière constante et régulière.

« Voilà, Madame, ce que nous ne devons pas
oublier en nous chargeant de continuer l'œuvre
de feue Mme la comtesse de Ferriol. Je ne saurais
donner mon consentement à tout autre mode
d'éducation pour la filleule que celui qu'avait en
vue la marraine. Je vous engage donc à vous occuper le plus tôt possible de chercher un couvent
convenable pour recevoir la jeune Aïssé. Je ne
vous en désigne aucun, parce que vous avez plus
de facilité que moi pour faire ce choix, soit à
Paris, soit à Versailles; seulement je vous ferai
observer que cette jeune fille appartenant par

son origine à une famille princière de son pays,
et étant devenue en quelque sorte l'enfant adoptif d'une dame de haute naissance et d'un gentilhomme haut placé par ses titres de noblesse
et surtout par sa qualité de représentant du
roi de France, il convient, dis-je, que ladite
jeune fille entre dans une maison où sont éle-
vées les jeunes personnes des premières familles de France. Vous ne devez pas regarder
à la dépense; car, quelle qu'elle soit, vous avez
de quoi vous en couvrir largement, et mon
frère, j'en suis persuadé, serait fort mécontent
si, dans une affaire de cette importance, vous
vous avisiez de lésiner ou de faire des économies déplacées... »

On voit, par cet extrait, que le digne président
était un homme sincèrement religieux, désinté-
ressé et scrupuleux dans l'accomplissement des
engagements qu'il contractait. On voit aussi qu'il
connaissait assez bien le penchant de sa femme
à l'*économie exagérée,* et la dernière phrase de
sa lettre a pour objet de la prémunir contre ce
défaut. Enfin, sa lettre se terminait par cette réponse à la dernière considération que faisait valoir la présidente pour se charger elle-même
d'élever Aïssé.

«... Vous auriez, dites-vous, désiré la garder
auprès de vous pour vous tenir compagnie. Je ne
vois pas trop quel agrément pourrait vous offrir
la société d'une enfant de dix ans, fort ignorante,
fort volontaire et qui a été jusqu'ici, à ce que
m'écrit mon frère, passablement gâtée par tout
son entourage. D'ailleurs, cette société dût-elle
vous offrir quelque distraction agréable, ce dont
j'ai tout lieu de douter, vous ne devrez pas sacri-
fier à votre satisfaction personnelle l'intérêt réel
d'une enfant dont l'éducation vous est confiée. Il
est nécessaire que cette enfant passe quelques
années sous une discipline sévère, pour qu'elle
puisse se corriger de ses défauts, et acquérir les
connaissances et les habitudes qui caractérisent
une jeune personne convenablement, c'est-à-dire,
chrétiennement élevée. C'est alors qu'elle pourra
se présenter dans le monde, et que vous pourrez
trouver quelque plaisir dans sa société. Jusque-
là, vous serez loin de vivre dans la solitude,
comme vous paraissez le craindre : l'aîné de vos
fils a encore au moins quatre ans, et le plus jeune
cinq ou six ans, à rester avec vous avant d'entrer
au collége ; ce sera à peu près dans ce temps-là
qu'Aïssé sortira du couvent, et pourra revenir
prendre sa place auprès de vous, à moins que
mon frère, de qui seule elle dépend, n'en juge

4

autrement. Vous avez aussi maintenant, pour
vous distraire, une société des plus agréables
dans Mme la chanoinesse votre sœur, qui, à
ce que vous m'avez appris dans votre dernière
lettre, est venue se fixer à Paris, d'où elle sol-
licite en cour de Rome l'autorisation de rentrer
dans le monde. Vous me dites qu'elle aurait désiré me consulter à cet égard; je n'ai là-dessus
aucun conseil à lui donner, si ce n'est celui de
consulter sa conscience et son directeur. »

Mme la présidente fut fort désappointée, comme
nous l'avons dit, après avoir lu cette longue
épître. Mais que faire? Elle connaissait son
mari; elle savait qu'il n'avait pas écrit cette lettre
légèrement; qu'il en avait, pour ainsi dire, pesé
chaque mot, et que rien ne le ferait revenir sur
sa détermination. Le meilleur parti à prendre
était de se soumettre; c'est ce qu'elle fit de la
meilleure grâce qu'il lui fut possible. Elle alla
trouver le curé de Saint-Louis, qui était un ami
particulier de son mari; elle lui exposa l'affaire:
il fut en tout point de l'avis de son ami le président. Alors elle le consulta sur le choix du couvent. Le curé lui désigna les Visitandines de la
rue Saint-Jacques.

« Sans doute, monsieur le curé, lui dit-elle,

le couvent dont vous parlez est parfaitement
convenable sous tous les rapports ; cependant
j'avais pensé à un autre, et j'avoue que je ne
serais pas fâchée d'y faire entrer Aïssé.

— Et quel est ce couvent ?

— C'est celui de Saint-Louis-Saint-Cyr, fondé
pour l'éducation de jeunes filles nobles.

— Mais y pensez-vous, Madame ? Mlle Aïssé
ne pourrait y être admise.

— Et pourquoi donc, Monsieur ? Est-ce qu'elle
n'est pas d'une noblesse assez élevée, puisqu'elle
est fille de prince ?

— Je ne conteste pas sa noblesse, mais c'est
une noblesse étrangère, et l'établissement de
Saint-Cyr a été fondé spécialement pour la noblesse française. Aucune jeune fille ne peut y
être admise sans faire preuve, par titres authen-
tiques, de quatre degrés de noblesse au moins du
côté paternel ; c'est M. d'Hozier qui est chargé
de vérifier ces titres, et lors même que la qualité
d'étrangère ne serait pas un obstacle pour votre
protégée, je doute qu'elle puisse fournir au sa-
vant généalogiste, des titres suffisants pour son
admission. La preuve, ou plutôt la présomption
de son origine princière, car on ne saurait appeler cela une preuve, résulte seulement des
déclarations des marchands qui l'ont vendue,

déclarations qui ne sont fondées elles-mêmes que sur ce qu'ils ont entendu dire à d'autres et dont il est impossible de contrôler les assertions. Peut-être ces assertions sont-elles vraies, peut-être n'est-ce qu'une fable inventée par les uns ou par les autres pour tirer un prix plus élevé de leur jeune esclave. Tout cela, comme vous le voyez, Madame, est extrêmement vague, et ne saurait équivaloir aux preuves sérieuses qu'il s'agit de fournir. Enfin, quand même sa qualité d'étrangère ne formerait aucun obstacle, quand même l'authenticité de son origine ne serait pas contestée, il y aurait encore une raison grave qui s'opposerait à son entrée à Saint-Cyr. Cette maison a été fondée pour venir en aide aux familles nobles, mais pauvres, qui sont hors d'état de donner à leurs filles une éducation convenable à leur rang. Or votre jeune pupille n'est point dans ce cas; sa marraine, en mourant, lui a légué un revenu plus que suffisant pour pourvoir aux frais de son éducation, et lui assurer plus tard une existence honorable. Par tous ces motifs, je ne vois pas la possibilité de faire admettre Mlle Aïssé à Saint-Cyr.

— Ce que vous dites là, monsieur le curé, reprit la présidente, est parfaitement vrai... en gé- néral; mais qui a fondé l'établissement de Saint-

Cyr? Qui lui a donné les règlements qui régissent
les maîtresses et les pensionnaires? Qui enfin a
déterminé les conditions de l'admission de ces
dernières? N'est-ce pas Sa Majesté notre roi,
Louis quatorzième du nom, et cela d'après l'ins-
piration et sur les indications de Mme la marquise
de Maintenon, qui peut être considérée comme la
véritable fondatrice de Saint-Cyr, et qui, sous le
titre de protectrice, en est en réalité la directrice?

— Tout cela, Madame, est exact; mais où en
voulez-vous venir?

— J'en veux venir, monsieur le curé, à cette
conclusion : que le roi, qui a créé Saint-Cyr, qui
a établi les règles pour le gouvernement de cette
maison et pour l'admission des élèves, peut, s'il
le juge à propos, « si c'est son bon plaisir »,
comme on dit en terme de chancellerie, modifier
ces statuts, les annuler même, et, à plus forte
raison, prononcer, par un acte de sa volonté
royale, l'admission d'une pensionnaire qui ne
satisferait pas à quelques-unes des conditions
établies pour cette admission.

— Certainement, le roi peut faire ce que vous
dites, Madame; mais il ne le ferait pas sans consulter Mme la marquise de Maintenon, à qui il
laisse la haute main sur tout ce qui concerne
Saint-Cyr.

— Je le sais; aussi mon intention serait-elle de faire parler à cette dame par un de nos prélats en qui elle a toute confiance.

— Je sais qui vous voulez dire; Mgr l'archevêque de Sens, dont M. votre frère est le premier grand vicaire, pourrait beaucoup dans cette affaire, s'il consent à s'en occuper.

— Il y a encore quelqu'un qui pourrait nous être plus utile peut-être que Mgr de Sens, et ce quelqu'un-là, c'est vous, monsieur le curé.

— Moi! Madame? et en quoi, je vous prie? et comment, moi pauvre curé d'une des paroisses les moins importantes de Paris, pourrais-je faire plus qu'un prince de l'Église tel que Mgr de Sens?

— Vous êtes l'ami intime du R. P. Lachaise, le confesseur du roi; si vous lui parliez de ce projet, en insistant sur cette circonstance qu'il s'agit d'instruire et d'élever dans la religion chrétienne une jeune fille née dans l'islamisme, et que l'on a toute raison de croire appartenir à une famille princière de son pays, je suis persuadée que le révérend père engagerait son auguste pénitent, et en même temps Mme de Maintenon, à s'intéresser à cette œuvre, et qu'il les déciderait l'un et l'autre à faire fléchir, pour cette fois, les règlements de la maison de Saint-Cyr

en faveur de cette jeune néophyte, bien digne de
cette grâce exceptionnelle.

— Je serais prêt, Madame, à entrer dans vos
vues et à tenter toutes les démarches nécessaires
pour faire aboutir heureusement votre projet, si
je n'étais retenu par une considération d'une importance majeure. Vous oubliez qu'il existe une
personne dont l'autorisation est indispensable
avant que je hasarde la moindre démarche : cette
personne, c'est M. le comte de Ferriol, votre
beau-frère, le parrain d'Aïssé, son père adoptif,
son tuteur légitime, qui vous a chargée de placer
sa filleule dans un couvent, sans vous parler de
Saint-Cyr. S'il avait eu l'intention de la faire entrer dans ce dernier établissement, certes, en
raison de la position honorable qu'il occupe, il
aurait pu, en s'adressant directement au roi et à
Mme de Maintenon, obtenir sans intermédiaire la
faveur que vous me chargez de solliciter. Ou, s'il
avait cru devoir faire appuyer sa demande par un
tiers, il n'avait qu'un mot à m'adresser : il sait,
d'après la vieille amitié qui nous lie dès le collége, lui, son frère le président et moi, que je
n'ai rien à leur refuser ni à l'un ni à l'autre.

— C'est qu'il n'y aura pas songé, et ceci se
conçoit : M. de Ferriol est absent de France depuis quinze à dix-huit ans; à cette époque, la

communauté des dames de Saint-Louis, établie
auparavant à Noisy, n'était que depuis peu de
temps installée à Saint-Cyr ; alors elle était loin
d'avoir acquis la célébrité où elle est arrivée depuis ; il n'est donc pas étonnant qu'il n'en ait pas
entendu parler avant son départ, ou qu'il n'y ait
fait que peu d'attention, n'ayant aucun intérêt
personnel à s'en occuper. Mais je suis persuadée
que lorsqu'il a envoyé sa filleule en France pour
y faire son éducation, s'il eût connu ce qu'est
aujourd'hui Saint-Cyr, il eût fait tous ses efforts
pour y placer cette enfant.

— C'est possible ; toutefois nous ne pouvons
agir d'après de simples suppositions. Si vous
tenez à votre projet, écrivez à M. le comte de
Ferriol ; parlez-lui de cette affaire, dites-lui que
vous m'avez consulté, et que, s'il a l'intention d'y
donner suite, je suis prêt à le seconder par tous
les moyens dont je puis disposer.

— Je crois, Monsieur, que vous avez raison,
et que cette marche, quoique la plus longue, est
la plus convenable et la plus sûre. Seulement je
pense que vous feriez bien d'écrire de votre côté
quelques mots à mon beau-frère ; il a en vous la
plus grande confiance, et cela le déciderait au
moins à agir plus promptement ; car il met dans
tout ce qu'il fait une lenteur diplomatique vrai-

ment désolante, et, si on ne le presse pas un peu,
il est capable, après avoir fait les premières démarches, de traîner les choses en longueur, de
manière que l'enfant atteindra la limite d'âge
passé laquelle on ne reçoit plus les jeunes personnes à Saint-Cyr.

— Oh! Madame, reprit en souriant le bon
curé, que ceci ne vous tourmente pas. Cette limite dont vous parlez est fixée à douze ans; l'enfant n'en a que dix, nous avons donc encore
deux ans devant nous. Et à supposer qu'elle eût
dépassé la borne prescrite, une dispense d'âge
serait plus facile à obtenir que celles de la nationalité et des titres de noblesse. En attendant la
réponse de M. le comte, auquel j'écrirai volontiers comme vous le désirez, et le résultat de
nos démarches, je vous engage toujours à placer
votre protégée au couvent de la Visitation de la
rue Saint-Jacques.

— C'est bien mon intention, Monsieur, et dès
demain j'y conduirai Aïssé. »

CHAPITRE VI

Les projets de Mme la présidente. — Une réclame
dans les journaux.

Le lendemain, ainsi qu'elle l'avait promis au
curé de Saint-Louis, la présidente de Ferriol
conduisit Aïssé au couvent de la Visitation de
la rue Saint-Jacques. Lorsqu'elle avait annoncé
cette nouvelle résolution à la jeune fille, celle-ci
avait paru désagréablement surprise.

« Je croyais, dit-elle, que vous aviez l'intention de me garder avec vous.

— Sans doute, je l'avais cette intention, répondit Mme d'Argental en poussant un profond
soupir; mais une volonté plus puissante que la
mienne m'oblige à faire ce sacrifice, qui me coûte

d'autant plus que je m'étais flattée de vous conserver auprès de moi au moins jusqu'au retour
de votre parrain. »

Alors elle lui lut une partie de la lettre du
président d'Argental, et elle s'efforça de lui faire
comprendre qu'elle était obligée d'obéir à la volonté de son mari, ou plutôt à la volonté de la
mère adoptive d'Aïssé, qui, à son lit de mort,
avait manifesté le désir que sa filleule fût élevée
au couvent.

Aïssé écouta attentivement les explications de
la présidente, et, en entendant l'expression des
dernières volontés de sa marraine, elle dit du
ton d'une parfaite résignation :

« Puisque c'était l'intention de ma mère, je
dois m'y conformer.

— Du reste, reprit la présidente, vous trouverez dans cette maison un grand nombre de
jeunes demoiselles de votre âge, appartenant à
d'excellentes familles ; vous vous lierez avec elles,
et j'espère que leur société vous accoutumera
facilement au régime du couvent. Puis j'irai
vous voir plusieurs fois par semaine, et chaque
fois qu'il y aura des vacances, vous les passerez
à la maison. »

La présidente crut prudent de ne pas parler à
la jeune fille du projet qu'elle avait conçu de la

faire entrer à Saint-Cyr, parce qu'elle eût peut-
être été fort embarrassée de lui expliquer les
motifs qui la déterminaient, et très-contrariée
qu'Aïssé les comprît. Ce n'était pas parce que
l'éducation lui paraissait meilleure et plus religieuse à Saint-Cyr qu'au couvent de la Visitation
qu'elle montrait tant d'ardeur à placer Aïssé dans
l'établissement de Saint-Louis; c'était, d'abord,
parce qu'il n'y avait aucuns frais de pension ni
de trousseau à payer, et ce motif, comme on le
pense bien, elle se gardait bien de l'avouer à qui
que ce fût; mais il y avait une autre considération d'une grande importance qu'elle eut soin
de faire valoir aux yeux de son beau-frère, lorsqu'elle lui écrivit, d'après le conseil que lui avait
donné le curé de Saint-Louis, pour l'engager à
faire des démarches, afin d'obtenir une place à
Saint-Cyr pour sa pupille.

« La singularité de l'origine d'Aïssé, lui disait-
elle, les malheurs de sa première enfance, la manière dont vous et votre épouse l'avez rachetée
de l'esclavage pour l'élever dans la religion chrétienne, puis ses qualités personnelles, sa beauté
vraiment ravissante, tout cela ne manquerait pas
de la faire remarquer dans cette maison au milieu
de toutes ses compagnes... Elle attirerait bien

certainement l'attention de Mme de Maintenon, et
par suite du roi lui-même et de toute la cour.
Vous comprenez combien cela vous ferait d'honneur auprès du roi, qui attache tant de prix à
la conversion des infidèles et des hérétiques. Je
suis persuadée que l'introduction dans le giron
de l'Église catholique de cette jeune princesse
circassienne aura plus de prix aux yeux de Sa
Majesté que les actes diplomatiques les plus difficiles que vous aurez heureusement accomplis
pendant votre ambassade en Turquie. Il y a là,
n'en doutez pas, un moyen puissant de vous avancer dans les bonnes grâces de la cour, et vous
auriez grand tort de le négliger. »

Voilà donc le but principal auquel tendait Mme de
Ferriol d'Argental en faisant entrer Aïssé à Saint-
Cyr; la mettre en évidence de manière à attirer
l'attention et les faveurs du roi sur son beau-frère,
et par contre-coup, ce qu'elle pensait sans le
dire ouvertement, sur son mari, sur elle-même
et sur ses enfants.

Le comte de Ferriol était courtisan, c'est-à-
dire ambitieux. Il goûta parfaitement les idées
de sa belle-sœur, et songea aussitôt à la réaliser.
Mais, avant de tenter aucune démarche sérieuse,
il voulait tâcher de se procurer quelque acte au-

thentique, ou tout au moins quelque déclaration émanée de personnages dignes de foi, qui constateraient l'origine princière d'Aïssé.

Il répondit à sa belle-sœur en la remerciant dans des termes chaleureux de ce qu'elle avait fait pour sa filleule, et en approuvant entièrement ses vues sur cette enfant. Il lui annonçait qu'il avait reçu, en même temps que la sienne, une lettre de son ami le curé de Saint-Louis, qui, tout en déclarant qu'il était prêt à faire toutes les démarches qu'il pourrait exiger de leur vieille amitié, ne paraissait pas aussi enthousiasmé qu'elle de l'idée de faire entrer Aïssé à Saint-Cyr, prétendant qu'elle était aussi bien pour son éducation dans le couvent de la Visitation où on l'avait placée, et où se trouvaient des jeunes personnes de plus grandes familles qu'à Saint-Cyr.

« Malgré toute la déférence, ajoutait-il, que j'ai pour les opinions de mon respectable ami, je ne suis point de son avis dans cette circonstance, et vos idées me paraissent préférables aux siennes. Seulement, parmi les difficultés dont il me parle et qui pourraient faire obstacle à l'admission de notre Aïssé à Saint-Cyr, il en est une à laquelle vous ne paraissez pas attacher d'importance, et

qui pourtant est on ne peut plus sérieuse : c'est
la constatation de la noblesse originelle de cette
enfant. C'est là, je ne saurais me le dissimuler, le
côté faible de l'affaire. Vous comprenez, en effet,
que le roi, dont je connais d'ailleurs le scrupule
à ce sujet, n'apposera pas légèrement sa signature au bas d'un brevet d'admission, dans une
maison royale d'éducation pour la noblesse, d'une
jeune fille qualifiée d'un titre qui ne serait pas
suffisamment justifié ; et que celui qui aurait l'imprudence de faire cette proposition à Sa Majesté,
loin d'en espérer quelque faveur, pourrait bien
s'attendre à une disgrâce complète. Je vais donc
m'occuper activement de faire la recherche nécessaire pour établir le fait de la manière la plus au-
thentique que l'on pourra, ce qui sera d'autant
plus difficile, que dans les pays musulmans il
n'existe point de registres pour constater les nais-
sances ; on ne peut faire ces constatations que
par des témoignages, par la notoriété publique.
Je me suis adressé à des marchands qui ont des
relations dans le Caucase, et, en outre, à plusieurs de nos intrépides missionnaires qui vont
de temps en temps parcourir ces contrées ; j'espère obtenir, par les uns ou par les autres, des
renseignements aussi exacts que possible sur la
famille de cette enfant. Malheureusement ce sera

long, et je ne puis guère compter avoir de réponse avant un an ou dix-huit mois. Dans tous les cas, il n'y aurait pas encore de temps perdu; et comme je compte, vers cette époque, obtenir mon rappel ou tout au moins un congé pour aller en France, j'emporterai avec moi toutes les pièces que j'aurai pu me procurer relativement à cette affaire. Une fois arrivé à Versailles, je m'entendrai avec nos amis sur la manière la plus sûre de présenter notre demande, et j'espère que nous réussirons.

« En attendant, il serait peut-être à propos de préparer dès à présent l'opinion publique sur ce sujet. Pour cela, je crois qu'il serait bon de faire insérer dans la *Gazette de France* (1), un petit article conçu à peu près dans ce sens :

« Il y a quelques années, on mettait en vente
« dans un bazar de Constantinople des prison-
« nières circassiennes de distinction, enlevées
« dans le Caucase et réduites en esclavage à la
« suite d'une expédition du kan de Crimée dans

---

(1) La *Gazette de France* est le plus ancien de nos journaux politiques. Elle fut fondée en 1631 par le fameux généalogiste d'Hozier; il en confia la rédaction aux frères Renaudot, auxquels il communiquait les nouvelles que contenait sa correspondance, alors fort active, tant avec l'intérieur qu'avec l'extérieur du royaume.

« ce pays. M. le comte de Ferriol, ambassadeur
« de S. M. T.-C. en Turquie, a racheté une de ces
« prisonnières, enfant de quatre ans, fille d'un
« prince circassien. Après avoir fait baptiser
« cette enfant, M. le comte vient de l'envoyer à
« Paris, où elle a été placée dans un couvent
« par les soins de Mme la présidente de Ferriol
« d'Argental, belle-sœur de M. l'ambassadeur,
« afin de la faire élever dans la religion catho-
« lique. »

« En même temps, M. votre frère, le grand
vicaire, parlerait de ce fait à Mgr de Sens, et
celui-ci pourrait à son tour en entretenir Mme de
Maintenon, mais par forme de conversation seulement, et sans rien dire encore de nos projets
sur cette enfant. Ceci, joint à l'article de la *Gazette*,
pourrait exciter la curiosité de Mme de Maintenon, peut-être même celle du roi, et je ne serais
pas surpris de recevoir, dans une des prochaines
dépêches du ministre des affaires étrangères, une
demande d'explication sur cet événement, dont
je n'ai jamais parlé dans ma correspondance offi-
cielle. Si cela arrivait, ma réponse ne se ferait pas
attendre, et ce serait un grand pas de fait vers
notre but.

« Jusqu'à ce que notre plan ait pris une certaine consistance, je vous recommande de conti-

nuer à veiller sur Aïssé. Encouragez-la à travailler de manière à contenter ses maîtresses. Si l'on obtient de son couvent un bon témoignage sous tous les rapports, cela ne pourra qu'aider à la réussite de nos projets. »

On voit par cette lettre que M. de Ferriol, en vrai diplomate, s'entendait en intrigue, et que déjà il savait faire, dans les journaux de son temps, ce que nous appelons aujourd'hui de la *réclame*.

La lettre de son beau-frère ne contenta qu'à demi Mme la présidente. Son impatience s'accommodait peu de toutes ces lenteurs. Cependant il fallait prendre son parti. Sa sœur la chanoinesse, ou plutôt Mme de Tencin, car elle venait d'obtenir définitivement sa sécularisation et on ne l'appelait plus que madame, qu'elle crut devoir consulter, approuva complétement la marche suivie ou indiquée par M. le comte de Ferriol. Elle offrit même à la présidente de s'associer à son projet, et de faire toutes les démarches qu'elle croirait utiles pour en assurer le succès. Mme d'Argental y consentit avec plaisir; car sa sœur, désormais beaucoup plus libre qu'elle, plus répandue dans le monde, ajoutons plus adroite, plus spirituelle, et... disons le mot, plus intrigante,

pouvait beaucoup mieux qu'elle-même pous-
ser activement cette affaire et en assurer le
succès.

Grâce à Mme de Tencin, l'article parut dans la
Gazette de France tel que l'avait formulé M. de
Ferriol dans sa lettre, et, grâce encore à elle, il
fut remarqué d'un grand nombre de personnes
du meilleur monde, comme on disait alors, qui
sans elle n'y auraient pas fait attention. Pendant
une soirée ou deux ce fut un sujet de conversation dans quelques cercles privilégiés ; ce bruit
parvint même jusqu'à la cour, et il fut parlé de la
petite Circassienne jusque dans le salon de Mme de
Maintenon. Puis des événements plus importants
firent bientôt oublier celui-là, et l'on n'en parla
plus.

Mme d'Argental, effrayée de ce silence, alla
trouver sa sœur et lui dit d'un ton presque
désolé :

« Mon Dieu, ma chère Alexandrine, le fameux
article de la *Gazette* n'a pas produit l'effet que
M. le comte de Ferriol et vous, vous en atten-
diez. J'ai entendu des personnes qui paraissaient
douter de la chose, et en donnaient pour raison
qu'on n'avait pas nommé le couvent où l'on prétendait qu'on avait placé la jeune étrangère. Au
fait, c'est une omission regrettable ; je comprends

que mon beau-frère l'ait faite, parce qu'il ne se rappelait peut-être pas le nom de ce couvent; mais comment, vous ou moi, n'y avons-nous pas songé ?

— Tranquillisez-vous, ma bonne sœur, reprit en souriant Mme de Tencin, ce n'est pas par oubli que j'ai omis le nom du couvent ainsi que le nom de l'enfant, dont vous ne parlez pas.

— Au fait, c'est vrai : vous ne nommez pas non plus la petite; comment voulez-vous qu'on croie à une histoire anonyme insérée dans la *Gazette?* Vous savez qu'on n'a déjà pas trop de confiance dans ces sortes d'écrits, et que quand on veut parler de quelqu'un dont la véracité est douteuse, on dit qu'il est *menteur comme une Gazette.*

— Encore une fois, ma sœur, que cela ne vous tourmente pas. Si j'avais donné le nom de l'enfant et celui du couvent, on n'en aurait parlé ni plus ni moins qu'on ne l'a fait. Je connais notre société parisienne; il faut une chose bien grave pour l'occuper trois jours de suite; une grande calamité, un événement extraordinaire, sont oubliés au bout de huit ou dix jours au plus. Comment voulez-vous qu'une chose aussi peu importante que l'histoire d'Aïssé puisse l'intéresser longtemps? C'est déjà beaucoup, c'est plus que je

n'osais espérer, que d'avoir réussi à attirer un
instant l'attention sur cette enfant. Maintenant
nous allons la laisser dormir, l'attention, pendant quelques jours ; puis nous la réveillerons
par un nouvel article, où cette fois nous n'o-
mettrons ni le nom de l'enfant ni celui du couvent. »

En effet, à quelque temps de là, parut dans la
Gazette de France un nouvel article en forme de
lettre adressée au directeur de ce journal. En voici
quelques extraits :

« Monsieur le directeur,

« J'ai lu dans le n° du ..... de votre estimable
journal un article fort court sur une petite Circassienne rachetée de l'esclavage par l'ambassadeur de France à Constantinople, et envoyée
dans un couvent de Paris pour y être élevée dans
la religion chrétienne. Je regrettais beaucoup que
votre feuille ne nous eût pas donné de plus amples
détails sur cette enfant, arrachée, par l'interven-
tion du représentant de Sa Majesté très-chré-
tienne, au double esclavage des hommes et du
démon, lorsqu'une circonstance imprévue m'a
mise, il y a quelques jours, en présence de cette
intéressante petite fille, et m'a fourni l'occasion

d'apprendre ces détails que j'avais tant regretté de ne pas trouver dans votre *Gazette,* et que je vous demanderai la permission de reproduire ici comme complément de votre premier article.

« Jeudi dernier, j'étais allée voir une de mes nièces, pensionnaire au couvent de la Visitation, rue Saint-Jacques. Tandis que je causais avec elle, mes yeux se portèrent par hasard de l'autre côté du parloir, où une jeune pensionnaire, à peu près de l'âge de ma nièce, causait avec deux dames. Je fus frappée de la beauté vraiment ravissante de cette jeune fille, et je demandai à ma nièce qui elle était.

« — C'est, me répondit-elle, une princesse circassienne, nommée Aïssé, qui est entrée au pensionnat il y a environ six mois.

« — Serait-ce cette jeune fille dont il est question dans la *Gazette de France?*

« — Je ne sais pas, dit ma nièce en souriant, nous ne lisons pas la *Gazette.* »

« On y parle d'une enfant de quatre ans, et celle-ci en a déjà dix à douze, disais-je à part moi; il faut que j'en aie mon cœur clair. Je demandai alors à parler à Mme la supérieure ; elle me dit que la jeune fille que j'apercevais était bien la même dont avait parlé le journal.

Seulement elle n'avait que quatre ans lorsque
M. de Ferriol avait payé sa rançon; mais Mme la
comtesse sa femme avait gardé l'enfant auprès
d'elle jusqu'à sa mort, arrivée six ans après;
c'est alors seulement que M. l'ambassadeur avait
envoyé l'enfant à sa belle-sœur, qui l'avait placée à la Visitation. Mme la supérieure, à qui je
demandai si elle était contente de cette jeune
étrangère, m'en rendit le témoignage le plus
satisfaisant.

« — C'est, me disait-elle, le modèle de nos
pensionnaires, et, je l'espère, elle fera honneur
à notre maison. »

« Et comme je manifestais le désir de connaître les particularités de son histoire :

« — Voulez-vous, me dit Mme la supérieure,
que je vous présente à Mme la présidente d'A...
et à Mme de T... sa sœur, que vous voyez en ce
moment avec elle? Ces dames vous donneront
tous les renseignements que vous désirez, et,
de plus, vous pourrez interroger la jeune princesse elle-même. »

« Je ne demandais pas mieux; la présentation
eut lieu immédiatement, et voici ce que j'ai appris durant une heure de conversation avec ces
dames et avec l'enfant sur le compte de cette
intéressante jeune fille... »

Suivait l'histoire d'Aïssé, telle que nous l'avons racontée plus haut, mais entremêlée de détails plus ou moins romanesques, dus à l'imagination de la présidente ou plutôt de Mme de Tencin, qui était enchantée de trouver une personne du grand monde si bien disposée en faveur de leur protégée.

Cette lettre se terminait ainsi :

« Vous excuserez, Monsieur le directeur, la longueur de cette épître ; mais j'ai cru devoir entrer dans tous ces détails, parce que je sais qu'ils intéressent un grand nombre de vos lecteurs, dont la curiosité avait été éveillée, mais non satisfaite, par votre premier article. »

Elle était signée : « Anne-Marie du Cosquaër des Ducs de la Vieuville, dame de Kermorial, Latour-Pavant et autres lieux. »

Ce n'était pas un pseudonyme que cette signature : c'était bien celle d'une dame de la Vieuville, appartenant à une des plus anciennes familles de Bretagne, et ayant ses entrées à la cour.

Et cet article annoncé à sa sœur par Mme de Tencin n'avait point été fabriqué par cette dernière, comme quelques-uns de nos lecteurs au-

5

raient pu le croire : c'était bien l'œuvre de la
signataire. Seulement voici ce qui était arrivé.

D'abord, c'était, en effet, par hasard qu'en faisant une visite à sa nièce Mme de la Vieuville s'é-
tait rencontrée avec Mmes d'Argental et de Tencin,
qu'elle ne connaissait pas ; et cette connaissance
s'était formée spontanément, ainsi qu'elle le dit
dans sa lettre ; ensuite, pendant la conversation
qui avait eu lieu entre les deux sœurs et Mme de
la Vieuville, celle-ci avait manifesté à plusieurs
reprises son étonnement de ce que Mme la présidente, ou son mari, n'eussent pas fait rectifier
ou du moins compléter l'article publié par la
Gazette, et fait ainsi connaître dans son entier
une histoire qui faisait tant d'honneur à l'humanité de M. le comte de Ferriol et à son zèle
pour la religion.

« Il ne nous appartient pas, répondit modestement la présidente, à nous les plus proches parents de M. le comte, de publier hautement ses
louanges ; on ne manquerait pas de nous accuser
de partialité, d'exagération, peut-être de men-
songe, tout au moins de jactance et de vanité.
Peut-être aussi déplairions-nous à mon beau-
frère, dont à coup sûr la conduite dans cette

occasion n'a pas eu pour mobile les applaudisse-
ments des hommes.

— Vous avez raison, Madame, reprit Mme de la
Vieuville; mais ce que vous ne faites pas par mo-
destie, ou plutôt par humilité chrétienne, d'autres
doivent le faire par devoir; car c'est un devoir
pour les honnêtes gens de faire connaître et
d'exalter les belles actions, afin de les présenter
comme un exemple aux autres hommes. Et puisque les convenances de parenté ne vous per-
mettent pas de faire la rectification dont je parle,
eh bien, moi, qui suis étrangère à votre famille,
qui ne vous connaissais pas il y a une demi-heure,
je me charge d'écrire au directeur de la *Gazette*
une lettre dans laquelle je reproduirai tous les
détails que je viens d'entendre de votre bouche et
de celle de cette enfant.

— Qu'en dis-tu, Henriette? ajouta-t-elle en
s'adressant à sa nièce, qui avait assisté à tout
l'entretien.

— Oh! j'en serai bien aise, ma tante, car j'aime
beaucoup Aïssé, et je suis heureuse quand je vois
que l'on s'intéresse à elle. »

Les deux sœurs remercièrent Mme de la Vieuville de sa bonne volonté; elles l'engagèrent à ne
pas prendre la peine qu'elle voulait se donner;
mais elles le firent de manière à en exciter encore

la démangeaison que la Bretonne avait d'écrire.
Deux jours après, la fameuse lettre parut dans la
Gazette.

Cette fois cette publication eut plus de retentissement que la première. Quoique Mme de la
Vieuville ne passât pas, parmi les personnes qui
la connaissaient, pour une femme de beaucoup
de discernement, et qu'on la sût disposée à
s'exalter facilement, une partie des faits qu'elle
rapportait pouvait être facilement vérifiée, car
beaucoup de familles avaient leurs enfants au couvent de la Visitation. C'est ce qui eut lieu en effet.
Les visites se multiplièrent chez les visitandines.
Les témoignages de Mme la supérieure et des
autres religieuses furent toujours on ne peut plus
favorables à la jeune Circassienne. Toutes les
personnes qui avaient vu Aïssé et qui lui avaient
parlé en faisaient l'éloge avec enthousiasme, à
l'exception de quelques sceptiques, comme il s'en
rencontre partout et en tout temps, qui doutaient
de sa qualité de princesse et allaient jusqu'à dire
que c'était peut-être une Circassienne de contre-
bande. A cela les autres, et Mme de la Vieuville
en tête, soutenaient avec animation la nationalité
et la noblesse de la jeune étrangère. Ces discussions alarmaient Mme d'Argental.

« Ne vous en tourmentez pas, ma sœur, lui

disait en riant Mme de Tencin, plus on se dis-
putera sur ce sujet, plus on en parlera longtemps. »

On en parla tant, en effet, que ce qu'avait prévu
M. de Ferriol arriva ; c'est-à-dire que, parmi les
dépêches qui lui étaient régulièrement expédiées,
il reçut un jour une note dans laquelle le ministre
lui demandait des renseignements au sujet de
cette jeune fille qu'il avait envoyée dans un couvent de Paris pour être élevée dans la religion
chrétienne, le félicitant du zèle qu'il avait montré
dans cette occasion, et ajoutant que le roi ap-
prendrait avec plaisir ce qu'il avait fait en faveur
de cette jeune musulmane, surtout si, comme
on le disait, elle était fille d'un chef ou prince
circassien ; car il ne serait pas impossible, en
faisant valoir le service rendu à cette enfant,
d'établir un jour avec son pays des relations qui
pourraient devenir avantageuses à la France et
surtout à la religion.

M. de Ferriol, enchanté de la tournure qu'avait
prise l'affaire, répondit au ministre que déjà il
avait cherché à établir des relations avec le Caucase, au moyen des missionnaires qu'il avait
chargés de rassurer la famille de la jeune Aïssé
sur le sort de cette enfant. En même temps il
écrivait à sa belle-sœur, pour lui faire part de la

note ministérielle; il la remerciait du zèle qu'elle
avait apporté dans cette affaire; mais il ajoutait
que d'après la nouvelle instruction qu'il venait
de recevoir, son séjour à Constantinople serait
indéfiniment prolongé; qu'il ne pourrait guère
désormais s'occuper, comme il l'avait espéré, du
placement d'Aïssé à Saint-Cyr; que du reste il
n'y attachait plus la même importance, maintenant que la chose avait eu tout le retentissement
qu'il pouvait souhaiter; que même, en y réflé-
chissant attentivement, il valait peut-être mieux
qu'elle restât jusqu'à la fin de son éducation dans
le couvent où elle l'avait placée.

Mᵐᵉ la présidente ne fut que médiocrement satisfaite de cette nouvelle résolution de son beau-
frère; mais Mᵐᵉ de Tencin trouva que le comte de
Ferriol avait raison, et s'efforça d'en convaincre
sa sœur; ce à quoi elle ne parvint pas sans difficulté, car Mᵐᵉ d'Argental était tenace dans ses
opinions... Elle songeait toujours qu'à Saint-Cyr
la pension était gratuite, tandis qu'à la Visitation
elle était, selon elle, d'un prix exorbitant. Enfin
son beau-frère était le maître... Il fallait se ré-
signer.

CHAPITRE VII

Retour de M. de Ferriol de son ambassade. — Une visite
à Saint-Cyr. — Origine du *God save the King*. — Supercherie de Handel.

Ce n'était pas sans éprouver une pénible contrainte qu'Aïssé s'était accoutumée à la vie de
couvent. Transportée, des rivages riants du Bosphore et du palais somptueux de l'ambassade de
France, à ce couvent sombre, triste et froid de
la rue Saint-Jacques, elle ressentit d'abord un
douloureux serrement de cœur, à la vue de ces
hautes murailles, de ces portes épaisses, de ces
grilles de fer, derrière lesquelles elle allait se
trouver emprisonnée. Le contraste était d'autant
plus frappant, qu'elle avait quitté Constantinople
au milieu de la belle saison, et qu'elle entrait au

couvent au milieu de l'hiver, quand le grand jardin, où les pensionnaires prenaient ordinairement leurs récréations, avait perdu ses fleurs et était dépouillé d'ombrage et de verdure. Puis vint l'assujettissement à la règle, après avoir joui jusque-là d'une liberté à peu près sans limite. Un changement aussi radical dans les habitudes de sa vie, jeta une grande tristesse et une sorte de découragement dans l'âme de cette enfant. Mais les caresses des bonnes religieuses, leurs prévenances délicates, et surtout l'affection qu'elles lui témoignaient, ramenèrent peu à peu le calme et la gaieté dans l'âme de la jeune étrangère. Son cœur, naturellement sympathique, ne put résister aux témoignages d'intérêt que lui montraient ses maîtresses et ses compagnes; elle répondit à leurs avances, elle se prit à les aimer sincèrement, et, à compter de ce moment, le couvent lui parut moins triste et la règle moins austère.

Douée, comme nous l'avons dit, d'heureuses dispositions, elle fit des progrès rapides dans toutes les parties de l'enseignement que l'on donnait au couvent. Nous ne la suivrons pas, comme on le pense bien, dans la marche successive de ses études pendant la durée de son séjour au couvent; nous en donnerons seulement le résumé en peu de mots.

Ses maîtresses furent toujours satisfaites de sa docilité, de la douceur de son caractère, de ses progrès dans les études classiques et dans son instruction religieuse. Seulement, après sa première communion, qu'elle paraissait pourtant avoir faite dans de bonnes dispositions, on s'aperçut qu'elle laissait à désirer sous le rapport de la piété. Sans doute elle accomplissait avec exactitude tous ses devoirs religieux, mais on remarquait que c'était plutôt par habitude, par soumission à la règle de la maison, que par une véritable ferveur.

Quelle était la cause de cette tiédeur, qui pouvait plus tard dégénérer en une indifférence coupable et même en un abandon plus coupable encore des pratiques de la religion? Cette cause était due au langage que lui tenaient Mmes d'Argental et de Tencin, lorsqu'elles venaient la visiter au parloir, ou qu'Aïssé allait passer chez elles quelques jours de vacances. Ce langage était tout autre que celui qu'elle entendait au couvent. Au lieu de chercher à exalter en elle l'amour de la vertu, de lui parler des beautés de la religion, des avantages d'une vie régulière, elles ne l'entretenaient que du monde, de ses fêtes, de ses brillantes sociétés et de l'effet qu'elle y produirait lorsqu'elle serait grande et qu'elle s'y présente-

5*

rait dans tout l'éclat de la beauté et des ajuste-
ments.

Malheureusement ces conversations avaient
plus d'influence sur son esprit que les exhorta-
tions des religieuses et de l'aumônier du couvent.

Ce n'est pas tout : Aïssé rencontrait dans quelques-unes de ses compagnes des jeunes personnes
qui ne se distinguaient pas plus qu'elle par la
ferveur de leur piété, et dont la tête était déjà
remplie d'idées mondaines. Aïssé s'était naturellement liée avec celles-ci, suivant la justesse
du dicton populaire : « Qui se ressemble, s'as-
semble. » Nous citerons deux de ses amies in-
times, qui toutes deux ont acquis une certaine
célébrité dans le siècle dernier.

La première, de deux ou trois ans plus âgée
qu'Aïssé, était Marie-Madeleine-Olympe-Henriette
du Cosquaër des Ducs de la Vieuville, la nièce
de cette même dame de la Vieuville qui s'était
enthousiasmée d'Aïssé, et qui avait écrit à la
Gazette cette lettre que nous avons rapportée
dans le chapitre précédent. En quittant le couvent, Henriette épousa le marquis de Parabère.

L'autre, un peu plus jeune qu'Aïssé, était Marie
de Vichy Chamrond, qui épousa le marquis du
Deffant, beaucoup plus âgé qu'elle. Cette union

ne fut pas heureuse. La marquise du Deffant, célèbre par sa beauté et son esprit, vit pendant de
nombreuses années sa maison devenir le rendez-
vous de tout ce que la cour, la magistrature, la
philosophie, et surtout la littérature, renfermaient
d'hommes marquants au xviiie siècle.

M. le comte de Ferriol ne fut rappelé de l'ambassade de Constantinople, et encore sur sa demande, qu'en 1711. A son arrivée à Paris, sa première visite fut pour sa belle-sœur. Il se rendit
ensuite avec elle au couvent de la Visitation ; il
était impatient de revoir sa fille adoptive, qu'il
n'avait pas vue depuis près de huit ans. Il fut
étonné du changement qui s'était opéré en elle.
Au lieu de la petite fille aux traits enfantins et
peu prononcés, il retrouvait une jeune personne
d'une beauté admirable, offrant cette pureté,
cette régularité de lignes qui distingue la race
caucasique, et dont on retrouve des modèles
dans les belles statues de la Grèce ancienne.

Après avoir causé pendant près d'une heure
avec elle, en présence de Mme la supérieure, il
manifesta à celle-ci toute sa reconnaissance pour
les soins qu'elle avait donnés à l'éducation de
sa fille bien-aimée ; puis il prit congé de ces

dames, en annonçant qu'il partait immédiatement pour Versailles.

« Quoi! vous nous quittez déjà, après une si
longue séparation! dit Aïssé avec une expression de chagrin, qui, on le voyait, partait du
cœur.

— Ma fille, répondit M. de Ferriol d'un ton
paternel, soyez persuadée que ce n'est pas sans
regret que je vous quitte en ce moment, quoique
cette fois, Dieu merci, notre séparation ne doive
pas être de longue durée; mais mon devoir m'y
oblige et m'en fait une loi impérieuse. Je ne suis
même pas sûr si je n'ai pas manqué à ce devoir en
venant ici avant d'aller rendre compte au roi de
ma mission; mais le désir bien naturel que j'avais
de vous voir me sert d'excuse. Dans tous les
cas, à mon retour de Versailles, je me propose,
comme vous le savez, de me fixer à Paris, et
j'espère qu'alors nous ne serons plus séparés. »

Il faisait ici allusion à une lettre qu'il avait
écrite à sa belle-sœur pour lui annoncer son
arrivée, et dans laquelle il la priait de lui chercher dans son quartier, aux environs de la place
Royale, une maison où il pût s'établir convenablement. Nous verrons plus tard la combinaison
que Mme d'Argental avait imaginée.

Une heure après avoir quitté le couvent de la

Visitation, M. le comte de Ferriol arrivait à Versailles, et se rendait au ministère des affaires étrangères. Après avoir entretenu longtemps le ministre de l'état de nos relations avec le Divan, des difficultés que lui avait suscitées dans ces derniers temps le patriarche grec schismatique de Constantinople, lequel prétendait que l'ambassadeur de France n'avait pas le droit d'étendre sa protection sur d'autres catholiques que ses nationaux, et du moyen violent auquel il avait été obligé de recourir pour mettre à la raison ce prélat récalcitrant (1), M. de Ferriol demanda si, malgré le deuil qui affligeait la cour (le Dauphin venait de mourir), Son Excellence pensait que Sa Majesté daignerait lui accorder une audience.

(1) Ce patriarche se nommait Avedick. M. de Ferriol l'avait fait enlever audacieusement de sa demeure, l'avait embarqué dans un vaisseau français, et envoyé à Marseille. Ce patriarche, retenu par les ministres de Louis XIV, d'abord au château d'If, puis dans d'autres prisons du royaume, ne reparut jamais. Son enlèvement furtif, sa détention anonyme, et les précautions prises par le gouvernement français pour dérober ce grief au divan, ont paru à quelques historiens avoir été le fondement réel de la légende énigmatique de l'*homme au masque de fer*, énigme sans mot d'un fait sans authenticité et sans probabilité. — Voir l'*Histoire de Turquie*, par Lamartine, t. VII, liv. xxx, p. 60.

« Elle vous sera immédiatement accordée si
vous en faites la demande, répondit le ministre :
cependant je vous conseille de voir auparavant
Mme de Maintenon, qui désire s'entretenir avec
vous au sujet, je crois, de cette jeune Circassienne que vous avez autrefois rachetée de l'esclavage. »

M. de Ferriol suivit le conseil du ministre ; il
se présenta chez Mme de Maintenon, qui lui fit
l'accueil le plus gracieux. Elle lui parla d'Aïssé,
dont elle entendait chaque jour faire l'éloge, et
lui témoigna le désir de la voir. M. de Ferriol
répondit que sa filleule serait ravie d'une telle
faveur, et que, le jour qu'il plairait à Mme la
marquise de fixer, il aurait l'honneur de la lui
présenter.

« Demain, répondit la marquise, présentez-
vous à l'audience du roi, au sortir de la messe ;
vous serez reçu immédiatement. En quittant le
roi, venez me voir, et je vous dirai quel jour je
pourrai recevoir votre fille adoptive. »

Louis XIV reçut M. de Ferriol avec beaucoup
de bonté et de distinction ; il le félicita de la manière dont il avait rempli sa mission, et surtout
du zèle qu'il avait montré pour la religion ; il lui
annonça ensuite que, pour le récompenser de ses
services, il l'avait nommé chevalier de l'ordre

royal du Saint-Esprit, et que sa réception solen-
nelle en cette qualité aurait lieu à la première
réunion du chapitre de l'ordre. M. de Ferriol
mit un genou en terre pour remercier le roi de
cette insigne faveur.

« Attendez, monsieur le comte, dit gracieuse-
ment le prince en le relevant, attendez, pour fléchir le genou devant nous, le jour de votre réception; alors le cérémonial l'exige au moment
de prêter serment. » Puis il le congédia d'un air
affable et le sourire aux lèvres.

M. de Ferriol, en sortant de l'audience royale,
se rendit chez Mme de Maintenon. Il était encore
tout ému de ce qui venait de lui arriver.

« Qu'avez-vous, monsieur le comte? lui dit la
marquise; vous paraissez fort agité, ou plutôt
fort transporté.

— Oui, Madame, je suis transporté de joie, de
reconnaissance et d'amour pour notre grand roi,
qui vient de m'accorder une faveur à laquelle
j'étais loin de prétendre...; mais, Madame, vous
le saviez d'avance; pourquoi ne m'avez-vous pas
prévenu hier?

— Je m'en serais bien gardée; c'eût été vous
ôter le plaisir de la surprise, et, ce que j'aurais
surtout regretté, c'eût été ôter au roi le plaisir
de vous annoncer le premier cette nouvelle.

Maintenant parlons de Mlle Aïssé, votre filleule. Je vous ai dit que je désirais la voir; pourriez-vous me l'amener jeudi prochain, à deux heures de l'après-midi?

— Nous sommes à vos ordres, Madame, ma filleule et moi.

— C'est bien; en ce cas, trouvez-vous à l'heure indiquée, non pas ici, mais à Saint-Cyr, où je vais passer quelques jours. Dites à votre filleule que je la présenterai à une jeune personne qui désire vivement faire sa connaissance. »

Nous n'essaierons pas de décrire les transports de joie de la présidente lorsque M. de Ferriol, à son retour à Paris, lui eut rendu compte de son voyage à la cour.

« Un cordon bleu dans notre famille! Quel honneur pour nous! répétait-elle sans cesse à sa sœur; quel avenir cela présage à mes fils! et Aïssé, que Mme de Maintenon veut voir, si elle allait plaire à cette dame aujourd'hui si puissante, elle deviendrait bientôt en faveur, et il n'est aucune grâce que nous ne pussions par elle obtenir un jour. Quelle peut être cette jeune personne dont la marquise veut lui faire faire la connaissance? Vous en doutez-vous, ma chère Alexandrine?

— Ma foi, ma chère sœur, répondit en sou-

riant Mme de Tencin, je ne saurais là-dessus former aucune conjecture ; c'est peut-être une des
premières élèves de Saint-Cyr, ou la fille d'une
des nombreuses amies de la marquise...

— Ou peut-être une princesse du sang, s'écria
la présidente.

— Ah ! ah ! reprit en riant Mme de Tencin ; une
princesse du sang ! et où la prendriez-vous ? Il
s'agit d'une jeune personne, c'est-à-dire d'une
personne non mariée, et il n'y a point en ce
moment de princesse du sang qui ne soit en
puissance de mari. Au reste, de quoi vous tour-
mentez-vous ? Il vaudrait mieux songer à préparer Aïssé à cette visite, qui doit se faire dans
trois jours.

— C'est vrai, je n'y songeais pas. Nous n'a-
vons que le temps bien juste pour préparer sa
toilette. »

Cette toilette, si on eût laissé faire la présidente, eût été une affaire d'État. Elle voulait faire
faire à Mlle Aïssé une robe de cérémonie et un
manteau de cour. Mme de Tencin prétendit que sa
mise devait être extrêmement simple, presque
aussi simple que celle d'une pensionnaire, parce
qu'il ne s'agissait pas ici d'une présentation à la
cour, mais d'une visite tout intime, toute particulière, non au château de Versailles, mais à

Saint-Cyr, où Mme de Maintenon allait de temps
en temps passer quelques jours de retraite.

M. le comte de Ferriol fut de l'avis de Mme de
Tencin.

« En ce cas, dit Mme la présidente, Alexandrine
se chargera de sa toilette; moi, je ne veux pas
m'en mêler.

— Je le ferai bien volontiers, » répondit Mme de
Tencin.

Et ce fut elle, en effet, qui acheta les étoffes,
et donna ses ordres aux couturières pour leur
confection. Tout fut prêt à temps, et Aïssé était
vraiment ravissante dans ce costume d'une
grande simplicité, et cependant d'un goût parfait.

Au jour et à l'heure indiqués, M. de Ferriol
arriva à Saint-Cyr. Aïssé a raconté elle-même
cette visite dans une lettre qu'elle écrivit à
Mlle Marie de Vichy, son amie, et nous allons
reproduire son récit.

« En arrivant à Saint-Cyr, nous traversâmes
d'abord une grande pièce où se trouvaient le service d'honneur et les pages de Sa Majesté, car le
roi était arrivé quelques instants avant nous, et
se promenait dans les jardins du couvent avec
l'évêque de Chartres et quelques seigneurs de la

cour. Mme de Maintenon se tenait dans une chambre
haute, lambrissée de chêne, sans peinture, et
meublée tout uniment en cuirs vernissés. Devant
chacun des siéges, il y avait un carreau de ta-
pisserie pour mettre sous les pieds, parce qu'il
n'y avait pas même de tapis sur le parquet, tant
l'ameublement était simple. Dès que l'on nous
eut annoncés, M. le comte de Ferriol entra en
me donnant la main et s'avança jusque auprès
de Mme de Maintenon, à qui il fit un profond
salut, en lui disant :

« — Madame, j'ai l'honneur de vous présenter, pour obéir à vos ordres, Mlle Madeleine
Aïssé, de la famille Altashuk, bey de Cir-
cassie. »

« Je fis, en rougissant bien fort, la plus belle
révérence que l'on m'avait apprise au couvent.
Mme de Maintenon me fit approcher, me baisa
au front; puis, me regardant de son œil intel-
ligent et doux, elle dit :

« — Mon enfant, voilà ma nièce, Mlle de Villette, qui désire ardemment faire votre connaissance. »

« En même temps elle me montrait une jeune
personne, assise sur un pliant à quelques pas
d'elle; aussitôt cette jeune personne se leva, me
prit par la main et me fit asseoir à côté d'elle;

et Mme de Maintenon reprit sa causerie avec plusieurs dames âgées qui formaient cercle autour d'elle à notre arrivée. C'étaient, comme je l'ai su depuis, Mmes de Noailles, de Montchevreuil et de Caylus, qui toutes n'étaient pas jeunes, il s'en fallait bien. Il y avait de plus le vieux marquis de Dangeau, qui s'entretint avec mon parrain. Mlle de Villette me parlait aussi tout bas; mais j'étais si émue, qu'à peine entendais-je ce qu'elle me disait. Je dus lui paraître bien sotte.

« Tout à coup on entendit sonner une cloche : c'était l'annonce du *salut* à l'église du couvent. Mme de Maintenon se leva, nous fit une profonde révérence, et se dirigea vers l'église, où nous la suivîmes. Je remarquai, chemin faisant, qu'elle était noblement et modestement vêtue d'une belle étoffe à dessins nattés de couleur feuille morte et argent. Elle était coiffée de cornettes, et sa mantille était d'une seule barbe en point doublé de violet.

« A peine étions-nous placés dans la tribune dite des Évêques, que nous vîmes paraître le roi dans la tribune royale, qui se trouvait en face de l'autel. Il était entré son chapeau sur la tête ; c'était un petit tricorne richement galonné, qu'il ôta pour saluer d'abord l'autel, ensuite une lanterne à grillages dorés où était Mme de Maintenon, et

finalement la tribune où nous nous trouvions sur
une même ligne. Toute la suite de Sa Majesté
n'entra pas dans la chapelle de Saint-Cyr, ou du
moins elle y fut placée de manière que je ne
pouvais l'apercevoir.

« Une de mes impressions les plus ineffaçables,
est celle de toutes ces belles voix de jeunes filles
qui partirent avec un éclat imprévu pour moi,
lorsque le roi parut dans la tribune, et qui chan-
tèrent à l'unisson une sorte de motet, ou plutôt
de cantique national et religieux, dont les paroles
étaient de Mme de Brinon, la première supérieure
de Saint-Cyr, et dont la musique est du fameux
Lulli. En voici les paroles, que Mlle de Villette a
eu l'obligeance de me copier :

> Grand Dieu, sauvez le Roi !
> Grand Dieu, vengez le Roi !
>   Vive le Roi !
> Que, toujours glorieux,
> Louis, victorieux,
> Voye ses ennemis
>   Toujours soumis.
> Grand Dieu, sauvez le Roi !
> Grand Dieu, vengez le Roi !
>   Vive le Roi (1) !

(1) C'est là l'origine du fameux *God save the King* (ou *Queen*)

« Après le *salut,* nous nous préparions à nous retirer, lorsque Mlle de Villette me dit tout bas que sa tante nous attendait dans sa chambre. M. le comte de Ferriol nous rejoignit un instant après,

des Anglais, dont la musique passe chez eux pour être du célèbre Handel ou Haendel, compositeur allemand, né à Halle, dans le pays de Magdebourg, en 1684. A l'avénement de Georges Ier, ancien électeur de Hanovre, au trône d'Angleterre, Haendel se fixa définitivement à Londres, et reçut une pension de 400 livres sterling de son ancien souverain.

Au sujet de la musique du *God save the King,* voici ce qu'on lisait dans le journal *la Mode* du 23 juillet 1831. « On écrit d'Édimbourg que les Mémoires manuscrits de la duchesse de Perth viennent d'être vendus à Londres pour une somme de 3,000 livres sterling. On y trouve une foule de détails intéressants sur la cour de Louis XIV, ainsi que sur celle du roi Jacques pendant le séjour de ce monarque au château de Saint-Germain-en-Laye. En rendant compte de l'établissement de Saint-Cyr, elle y témoigne d'un fait qui n'était pas inconnu en France, mais dont la révélation n'était appuyée que sur le témoignage des anciennes religieuses de cette maison, à savoir que l'air et les paroles du *God save the King* sont d'origine française : « Lorsque le roy très-chrétien entroit dans la « chapelle, tout le chœur desdites demoiselles nobles y chan- « toit à chaque foys les parolles suyvantes, et sur un très-bel « ayr du sieur de Lully : *Grand Dieu, sauvez le Roy !* » etc., de même que ci-dessus, avec l'orthographe du temps.

« La tradition de Saint-Cyr portait que le compositeur Haendel, pendant la visite qu'il fit à la supérieure de cette maison royale, avait demandé et obtenu la permission de copier l'air

et bientôt nous nous retrouvâmes dans l'appartement de la marquise. Elle était seule cette fois,
et elle me parla avec une bonté et une douceur
qui m'ôtèrent une partie de l'embarras et de l'é-
motion que j'avais éprouvés en entrant. Elle me
demanda, entre autres choses, si j'avais conservé
quelque souvenir de mon pays et de ma famille.
Je répondis avec assez d'assurance que je n'avais
que des souvenirs confus de mes premières années; que je ne connaissais d'autre famille que
celle qui m'avait si généreusement recueillie pendant ma captivité, et dont la bonté pour moi ne
s'était jamais démentie jusqu'à ce jour. Elle parut
contente de ma réponse; puis elle se mit à parler
à demi-voix avec M. de Ferriol, tandis que Mlle de
Villette, comme pour détourner l'attention de ce
que sa tante et mon parrain pouvaient se dire,
me demandait si je désirais faire une prome-

---

et les paroles de cette invocation toute française, qu'il aurait
ensuite offerte au roi Georges Ier comme étant de sa compo-
sition, moyennant une forte récompense qu'il reçut de ce
souverain. »

Deux journaux anglais en ont parlé à la même époque et
dans les mêmes termes. Des recherches faites depuis ont établi
d'une manière irréfutable la supercherie du compositeur anglo-
allemand, ce qui n'empêche pas que le *God save the Queen*
soit encore aujourd'hui le chant national d'Angleterre.

nade dans les jardins du couvent, m'offrant de
m'accompagner. Au moment où j'allais lui répondre, M. de Ferriol se leva pour prendre
congé de Madame.

« — Restez, je vous prie, Monsieur, lui dit
Mme de Maintenon, j'attends quelqu'un qui ne
sera pas fâché de vous rencontrer ici, ainsi
que votre charmante fille adoptive. »

« En même temps les portes de l'appartement
s'ouvrirent à deux battants, et un gentilhomme
ordinaire de la chambre, à ce que me dit
Mlle de Villette, entra, et vint s'incliner pro-
fondément devant Mme de Maintenon sans lui
parler.

« — C'est pour annoncer l'arrivée du roi, »
ajouta Mlle de Villette encore plus bas, car il
se faisait un profond silence dans la chambre.

« J'étais si émue, que je sentis comme un
frisson me parcourir tout le corps. Au bout d'une
minute, le roi parut à l'entrée de l'appartement.
Mme de Maintenon fit cinq ou six pas au-devant
de Sa Majesté, qui paraissait marcher péniblement, et qui pourtant salua Mme de Maintenon
de fort bonne grâce.

« — Voilà, dit-elle, une demoiselle que j'ai pris
la liberté de garder ici pour la présenter au roi.
Il n'est pas besoin de la lui nommer.

« — C'est inutile, en effet, répondit le roi, la présence de M. le comte de Ferriol me la fait suffisamment connaître. »

« Puis, s'adressant à moi :

« — Il y a longtemps, Mademoiselle, ajouta-t-il, que j'ai entendu parler de vos malheurs et que je m'intéresse à vous; mais, si Dieu vous a frappée d'un coup pénible en vous enlevant, peu de temps après votre naissance, les parents de qui vous aviez reçu le jour, il vous a amplement dédommagée en vous donnant d'autres parents non moins affectueux pour vous, et qui vous ont élevée dans la vraie religion, ce dont je ne puis que vous féliciter. »

« Puis, s'approchant de Mme de Maintenon, il lui dit quelques mots. Celle-ci reprit aussitôt, en s'adressant à Mlle de Villette :

« — Ma nièce, avec la permission de Sa Majesté, conduisez Mlle Aïssé dans le jardin du couvent; M. de Ferriol ira vous rejoindre dans un instant. »

« Nous fîmes une profonde révérence au roi et à Mme de Maintenon, et Mlle de Villette, me donnant la main, me fit descendre, par un petit escalier dérobé, sur une terrasse d'où nous gagnâmes les jardins. Nous nous y promenions à peine depuis une demi-heure, lorsque mon par-

6

rain vint me prendre pour me faire monter en
voiture et me ramener à Paris. En nous quittant,
Mlle de Villette m'embrassa tendrement, en me
disant de l'air le plus gracieux :

« — Au revoir, à bientôt! »

CHAPITRE VIII

Madeleine pécheresse, Madeleine pénitente.

Mme d'Argental avait été, comme nous l'avons
vu, chargée par son beau-frère de lui trouver un
appartement. Elle n'imagina rien de mieux que
de lui céder une partie de l'hôtel qu'elle occupait
place Royale, et qui était, en effet, assez vaste pour
loger une famille plus nombreuse que ne l'étaient
celles des deux frères réunies. Le comte de Ferriol consentit à cet arrangement; seulement il fit
observer à sa belle-sœur qu'elle avait eu tort de
lui céder le principal et le plus grand appartement, tandis que l'autre eût été plus que suffisant
pour lui et pour Aïssé.

« Vous êtes le chef de la famille, lui répondit-
elle, et en cette qualité l'appartement que je
vous offre est le seul qui vous convienne. »

Le comte insista d'autant moins qu'en effet le
logement lui convenait à merveille. Il consentit
encore, sur la demande de sa belle-sœur, à
prendre leurs repas en commun, ce qui lui
épargnerait l'embarras de monter une maison
avec maître d'hôtel, cuisinier, etc. etc. Nous
n'avons pas besoin de dire qu'il entendait largement défrayer sa belle-sœur de tout le sur-
croît de dépenses qu'il lui occasionnerait. C'était
bien aussi sur ce dédommagement qu'elle comptait, et le calcul des bénéfices qu'elle pourrait en
retirer n'avait pas été négligé quand elle avait
fait cette proposition.

M. de Ferriol n'avait certainement pas songé
à faire des économies en prenant ces arrangements. Ce qui l'avait décidé, c'était la certitude
de trouver, sans sortir de chez lui, une société
agréable et polie ; avantage précieux pour lui, qui
n'aimait pas la solitude ni courir les salons. De
plus, et ceci avait surtout influé sur sa détermination, Aïssé recevrait ainsi en famille ce complément d'éducation que ne saurait donner le
couvent, et que l'on n'acquiert que par l'usage
du monde.

Nous disons qu'il comptait trouver chez Mme d'Argental une société capable de former sa pupille au bon ton et aux manières convenables. En effet, depuis que Mme de Tencin s'était fixée à Paris, elle venait passer régulièrement les soirées chez sa sœur, et sa présence attirait déjà une société encore peu nombreuse, mais choisie ; c'était, pour ainsi dire, le début de ce brillant salon qui devait plus tard avoir une réputation européenne.

Peu de jours après la visite à Saint-Cyr dont nous avons parlé dans le chapitre précédent, Aïssé fut définitivement retirée du couvent, et vint habiter avec son père adoptif la maison de Mme d'Argental. On lui avait préparé, pour elle et pour une femme de chambre attachée à sa personne, un joli petit logement situé entre l'appartement de Mme la présidente et celui de M. de Ferriol.

Le départ d'Aïssé causa de vifs regrets à la plupart de ses maîtresses et de ses compagnes du couvent. Parmi ces dernières, Marie de Vichy, surtout, était inconsolable.

« Que vais-je devenir, lui disait-elle, quand vous ne serez plus ici? Voilà Henriette de la Vieuville qui vient de nous quitter pour se marier (elle venait d'épouser le marquis de Parabère) ;

maintenant que vous nous quittez, je vais me
trouver seule. Oh! combien je m'ennuierai désormais !

— Ce que vous dites là, ma toute belle, répondit Aïssé, n'est pas flatteur pour celles de nos
compagnes qui restent; mais je crois que vous ne
vous ennuierez pas plus que vous ne le faisiez
auparavant; car lorsque nous étions ici, Henriette
et moi, vous vous plaigniez déjà d'éprouver un
ennui continuel; ce qui me fait supposer que
l'ennui est chez vous passé à l'état de maladie
chronique.

— C'est peut-être assez vrai, ce que vous dites
là, ma bonne Aïssé; car je m'ennuie de tout et
toujours; mais ce sera bien pis quand vous ne
serez plus ici (1). »

La présence d'Aïssé dans la maison de Mme d'Argental y attira de nouveaux visiteurs, et bientôt
son salon, auquel présidait de fait Mme de Tencin,
et dont Aïssé était un des plus beaux ornements,

_____

(1) La marquise du Deffant (Marie de Vichy-Chamrond)
était née avec une particulière et invincible disposition à l'ennui. Elle s'ennuyait de tout le monde, et ce qu'il y a de
singulier, c'est qu'elle n'ennuyait personne, et qu'elle se faisait
aimer de tous ceux qui la connaissaient. — Voir la *Biographie
universelle*, t. X, p. 646.

devint le plus brillant et le plus recherché de tout
Paris.

Au retour de sa visite à Saint-Cyr avec sa
filleule, le comte de Ferriol avait raconté à sa
belle-sœur tous les détails de son entrevue
avec Mme de Maintenon et avec le roi. Dans
l'entretien particulier qu'il avait eu avec eux,
après que Mme de Maintenon eut envoyé Aïssé
et sa nièce dans le jardin, Louis XIV avait dit
à M. de Ferriol qu'il fallait s'occuper de l'établissement de cette jeune personne, qu'il y son-
gerait lui-même, et que si son parrain ou Mme de
Maintenon, ou toute autre personne, lui trouvait
un parti convenable, il signerait volontiers au
contrat, et se chargerait au besoin d'une partie
de la dot.

On a déjà vu combien l'imagination de Mme d'Argental était facile à s'enflammer. En entendant
le récit de son beau-frère, elle ne pouvait conte-
nir sa joie; déjà elle voyait des princes, des ducs
et pairs, ou tout au moins des seigneurs de la plus
haute volée, venir demander la main de *sa fille;*
car dans de semblables circonstances elle l'appelait sa fille chérie, son enfant bien-aimée; d'autres
fois elle l'appelait ma nièce, ou simplement Mademoiselle : ces expressions plus ou moins affec-
tueuses haussaient ou baissaient selon sa bonne

ou sa mauvaise humeur, comme le mercure d'un baromètre selon que le temps est au beau ou à la pluie.

Cependant les semaines et les mois s'écoulaient, et pas le moindre prince, pas le plus mince duc ne paraissait à l'horizon.

« Je crains bien, disait-elle à sa sœur, que ma *nièce* ne trouve pas un grand parti comme nous l'avions espéré. »

A quelque temps de là, un malheur terrible vint frapper la famille royale, et jeter la douleur et la consternation dans la France entière. En trois jours le Dauphin, petit-fils de Louis XIV, la Dauphine sa femme, et le duc de Bretagne leur fils aîné, moururent presque subitement à un jour ou deux d'intervalle, et une même cérémonie funèbre réunit l'époux, l'épouse et leur fils. Le duc d'Anjou, leur second fils (depuis Louis XV), le dernier rejeton direct de la famille, était dangereusement malade. Tout le monde partageait la douleur de la famille royale, et se livrait aux plus tristes pressentiments pour l'avenir. Ces événements n'inspirèrent à Mme d'Argental que cette ingulière réflexion :

« C'est très-malheureux pour Mlle Aïssé ; le roi ni Mme de Maintenon ne s'occuperont pas de sitôt de son mariage, et elle court risque de coiffer sainte Catherine. »

Le roi n'était pas encore remis de sa douleur, lorsqu'il apprit la mort subite du duc de Berri, son troisième et dernier petit-fils, issu du premier Dauphin. Depuis cette funeste mort, la santé du roi s'altéra visiblement, sa force déclina continuellement pendant sept à huit mois ; et le 1er septembre de l'année suivante (1715), il mourut à l'âge de soixante-dix-sept ans.

M. le comte de Ferriol, qui avait un véritable attachement pour le roi, avait été vivement affecté des malheurs de la famille royale. La mort de Louis XIV sembla l'atterrer. Deux mois après, il tomba malade, et bientôt les médecins le déclarèrent en danger. Dès le commencement de sa maladie, Aïssé lui donna les soins empressés et intelligents d'une fille dévouée et d'une sœur de charité. M. de Ferriol, sentant sa fin approcher, appela un notaire et fit un testament par lequel il léguait à sa filleule, sa fille adoptive, quatre mille livres de rentes viagères, et une somme de cent mille livres une fois payée, dans le mois qui suivrait sa mort.

Après la mort de M. le comte, qui fut amèrement pleurée par Aïssé, lorsque Mme d'Argental eut connaissance du testament, elle reprocha

amèrement ce dernier bienfait à celle qui en était
l'objet.

« Mes enfants, lui dit-elle, sont les neveux,
c'est-à-dire les plus proches parents, et par con-
séquent les seuls héritiers légitimes de mon beau-
frère. Je ne comprends pas que lui, qui leur a
toujours témoigné tant d'affection, ait voulu leur
enlever une partie notable de sa succession pour
en gratifier une étrangère qu'il avait déjà comblée
de ses bienfaits.

— Madame, répondit Aïssé avec dignité, soyez
persuadée que je tiens plus à l'intention qui a
dicté ce legs qu'au legs lui-même. Mon noble
parrain a voulu me donner un témoignage authen-
tique de l'affection qu'il m'a conservée jusque
dans ses derniers moments; c'est l'expression de
cette affection qui seule a du prix à mes yeux, et
que je veux conserver en gardant précieusement
le testament qu'il a dicté; quant au legs, j'y re-
nonce bien volontiers, dès l'instant que cela nuit
aux intérêts de vos enfants, qui m'appellent leur
sœur et à qui j'ai tant de plaisir à donner le nom
de frères.

— Est-ce bien sérieusement que vous renon-
ceriez à cette libéralité?

— On ne peut plus sérieusement, et la preuve

c'est que je vais signer à l'instant cette renonciation. »

En même temps elle écrivit une déclaration
dans ce sens, la signa et la présenta à Mme d'Argental...

« Mon Dieu, ma fille, dit celle - ci pendant
qu'Aïssé écrivait, réfléchissez avant de faire une
pareille chose...; ce n'est pas ce que je voulais
dire...

— Tout est réfléchi ; si j'avais accepté cette
libéralité, je me serais probablement brouillée
avec vous, et peut-être avec ceux que j'appelle
mes frères ; or j'ai plus besoin de votre affection
que de fortune : voilà pourquoi je n'hésite pas à
signer cette renonciation.

— Oh ! je l'ai toujours dit, ma chère enfant,
que vous étiez d'un caractère généreux et délicat ; » et, tout en faisant ce compliment à *sa
chère enfant,* elle eut l'indignité d'accepter son
offre.

Mme de Tencin était loin de ressembler à sa
sœur. Quand elle apprit ce qui s'était passé, elle
devint furieuse contre sa sœur. Elle voulait à
toute force qu'elle rendît la renonciation à Aïssé,
ou elle menaçait de ne plus la revoir et de signaler sa conduite, qui la déshonorerait aux yeux de
la société. Aïssé eut toutes les peines du monde

à la calmer et à obtenir d'elle qu'elle gardât le silence le plus absolu sur cette affaire.

« Je vous le promets, répondit Mme de Tencin, mais à condition que vous me permettrez de vous dédommager en vous faisant gagner autant que la valeur du legs auquel vous avez si facilement renoncé.

— Je ne suis pas plus ennemie qu'une autre de l'argent, dit Aïssé en souriant, et si vous pouvez me faire gagner cette somme d'une manière légitime, j'accepte volontiers votre offre. »

Ce n'était pas une vaine promesse que faisait Mme de Tencin à son amie. Depuis quelque temps, elle s'était liée avec le fameux financier Law, qui commençait à lancer son système de banque ; il lui avait remis un certain nombre d'actions sur le Mississipi ; elle en fit prendre une partie à Aïssé ; elle les vendit en temps opportun, et Mme de Tencin se retira avec un bénéfice qui lui donnait vingt-cinq mille livres de rente ; Aïssé en possédait huit à dix mille.

Nous sommes arrivés à une triste époque de notre histoire : la régence de Philippe, duc d'Orléans.

« Sous la régence, dit le duc de Saint-Simon,

la France arriva à un tel degré de corruption,
surtout dans les hautes classes, qu'*elle sentait le
cadavre.* »

Nous n'avons certainement pas l'intention de
dérouler aux yeux de nos lecteurs ce déplorable
tableau, qui les ferait rougir et nous soulèverait
le cœur en l'écrivant. Nous dirons seulement que
la pauvre Aïssé, dont les penchants étaient ver-
tueux, dont la vie jusqu'ici ne nous a présenté
que des traits honorables, abandonnée à elle-
même au milieu d'un monde corrompu, se laissa
entraîner au torrent de l'exemple que lui donnait
la société qui l'entourait, que lui donnaient ses
meilleures amies, la marquise de Parabère, la
marquise du Deffant et Mme de Tencin elle-
même. Elle succomba, et les remords suivirent
de près sa faute ; mais l'entraînement des passions était plus fort et la replongeait de nouveau
dans l'abîme... Nous ne la suivrons pas pendant
les années que dura cette vie coupable et malheureuse... Oh ! oui, bien malheureuse, et là-
dessus on peut en croire son propre témoignage :

« La vie que j'ai menée, écrivait-elle après sa
conversion, a été bien misérable. Ai-je jamais
joui d'un instant de bonheur ? Non, car je ne
pouvais être avec moi-même, je craignais de
penser. »

Un jour, dans une nombreuse société où se
trouvait Aïssé, quelqu'un annonça qu'un célèbre
prédicateur, nommé Bridaine, qui ne s'était jamais fait entendre à Paris, devait prêcher le lendemain à Saint-Sulpice.

« C'est, dit-on, ajouta celui qui donnait cette
nouvelle, un missionnaire fort original, d'une
éloquence un peu sauvage, une espèce de petit
père André, doublé de Bossuet. Je serais curieux
de l'entendre; qui veut m'accompagner? car je ne
veux pas entreprendre seul le voyage du faubourg
Saint-Germain. »

Un sermon était pour ces gens blasés un spectacle comme un autre. Tout le monde s'écria
qu'on irait entendre ce singulier orateur; les
femmes parlèrent aussitôt des toilettes qu'elles
mettraient, et les hommes s'apprêtaient à tourner
en ridicule ce qu'ils appelaient l'éloquence agreste
de ce prédicateur de campagne.

Le lendemain, à l'heure indiquée, l'église se
trouva remplie de tout ce que la cour et la ville
comptait de plus distingué. Les hommes et les
femmes étalaient les plus somptueuses, les plus
éclatantes toilettes. Presque en face de la chaire
était assise Aïssé, entre M\mes de Tencin et la marquise du Deffant. Les regards, les sourires, les
chuchotements se croisaient et couraient dans

cette assemblée, qui paraissait fort peu pénétrée
du respect dû au lieu saint.

Tout à coup les chuchotements cessent, un
demi-silence se rétablit ; le prédicateur monte en
chaire. Pendant qu'il est agenouillé pour invoquer
l'Esprit-Saint, les regards se portent attentivement sur cette figure mâle, austère et sillonnée
de rides semblables aux cicatrices d'un vieux
guerrier. Bientôt il se lève, promène un instant
ses regards sur l'assemblée, puis, après avoir fait
le signe de la croix, il commence lentement,
d'une voix sonore et pénétrante, qui se fait entendre jusqu'aux extrémités les plus reculées du
temple. Voici son exorde.

« A la vue d'un auditoire si nouveau pour moi,
il semble, mes frères, que je ne devrais ouvrir la
bouche que pour vous demander grâce en faveur
d'un pauvre missionnaire dépourvu de tous les
talents que vous exigez quand on vient vous parler de votre salut. J'éprouve cependant aujour-
d'hui un sentiment bien différent ; et si je me
sens humilié, gardez-vous de croire que je m'a-
baisse aux misérables inquiétudes de la vanité.
A Dieu ne plaise qu'un ministre du ciel puisse
jamais avoir besoin d'excuses auprès de vous !
Car, qui que vous soyez, vous n'êtes tous comme
moi, au jugement de Dieu, que des pécheurs.

C'est donc uniquement devant votre Dieu et le
mien que je me sens pressé dans ce moment de
frapper ma poitrine... »

Dès ces premiers mots, un silence profond
avait succédé au murmure de tout à l'heure; on
écoutait avec attention, avec curiosité, quelques-
uns même avec une sorte d'anxiété. Après une
pause d'une minute, l'orateur reprit avec force :

« Jusqu'à présent j'ai publié les justices du
Très-Haut dans des temples couverts de chaume;
j'ai prêché les rigueurs de la pénitence à des in-
fortunés qui manquaient de pain! J'ai annoncé
aux bons habitants des campagnes les vérités les
plus effrayantes de ma religion : qu'ai-je fait, malheureux? J'ai contristé les pauvres, les meilleurs
amis de mon Dieu! j'ai porté l'épouvante et la
douleur dans ces âmes simples et fidèles, que
j'aurais dû plaindre et consoler! C'est ici, où mes
regards ne tombent que sur des riches, sur des
oppresseurs de l'humanité souffrante ou sur des
pécheurs et des pécheresses audacieux et endur-
cis, ah! c'est ici seulement, au milieu de tant de
scandales, qu'il fallait faire retentir la parole
sainte dans tout l'éclat de son tonnerre, et placer
avec moi dans cette chaire, d'un côté la mort
qui vous menace, et de l'autre mon grand Dieu
qui doit tous vous juger. »

Ici sa voix retentissait avec la force du tonnerre, ou plutôt comme la trompette du jugement dernier qui allait réveiller les consciences endormies et appeler tous ces pécheurs au tribunal de Dieu.

« Je tiens déjà dans ce moment votre sentence à la main. Tremblez donc devant moi, hommes superbes et dédaigneux qui m'écoutez! L'abus ingrat de toutes les espèces de grâces, la nécessité du salut, la certitude de la mort, l'incertitude de cette heure si effroyable pour vous, l'impénitence finale, le jugement dernier, le petit nombre des élus, l'enfer, et par-dessus tout l'éternité! l'éternité!... voilà les sujets dont je viens vous entretenir, que j'aurais dû sans doute réserver pour vous seuls. Eh! qu'ai-je besoin de vos suffrages, qui me damneraient peut-être sans vous sauver? Dieu va vous émouvoir, tandis que son indigne ministre vous parlera; car j'ai acquis une longue expérience de ses miséricordes. C'est lui-même, c'est lui seul qui, dans quelques instants, va remuer le fond de vos consciences. Frappés aussitôt d'effroi, pénétrés d'horreur pour vos iniquités passées, vous viendrez vous jeter entre les bras de ma charité, en versant des larmes de componction et de repentance, et, à force de remords, vous me trouverez assez éloquent! »

Après cet exorde, où débordait la véritable éloquence de l'âme, personne dans l'auditoire n'é-
tait tenté de sourire et de plaisanter. On écouta
avec une attention soutenue le reste du sermon
d'un bout à l'autre. Plus d'un cœur fut déchiré,
bien des yeux versèrent des larmes; combien y
eut-il de conversions sincères? Nous ne saurions
le dire; mais nous pouvons avec certitude en
signaler une : ce fut celle d'Aïssé. Elle sortit de
ce sermon, non-seulement touchée, mais boule-
versée et comme anéantie. Elle ne rentra pas
chez elle; elle alla, une demi-heure après le
sermon, s'agenouiller dans un confessionnal, et,
au sortir du tribunal de la pénitence, elle se pré-
sentait dans un couvent, où elle fut reçue en
qualité de pensionnaire. Elle n'en sortit plus qu'à
la mort. Elle ne voulut pas, par humilité, se faire
religieuse, mais elle en observa les règles et les
austérités avec autant de régularité que si elle en
eût porté l'habit.

Ses amis, ses connaissances firent tous leurs
efforts pour la décider à rentrer dans le monde;
toutes leurs tentatives furent inutiles. Elle leur
répondait quelquefois :

« J'ai eu le malheur d'imiter ma patronne.
comme pécheresse, je veux l'imiter dans la pénitence. »

Au bout de deux ans, elle fut prise d'une maladie de langueur, à laquelle elle succomba, en
1733. Elle n'était âgée que de trente-huit ans.

On grava sur sa tombe ces paroles de l'Écri-
ture : *Il y a plus de joie au Ciel pour un pécheur
qui se convertit, que pour quatre-vingt-dix neuf
justes qui persévèrent.*

FIN

TABLE

Tours. — Impr. Mame.

www.ingramcontent.com/pod-product-compliance
Lightning Source LLC
Chambersburg PA
CBHW070802290326
41931CB00011BA/2111